Andreas Foerster · Naoko Tamura

Kanji ABC

Eine Einführung in die sinojapanischen Schriftzeichen

Max Hueber Verlag

3. 2. 1. | Die letzten Ziffern
1996 95 94 93 92 | bezeichnen Zahl und Jahr des Druckes.
Alle Drucke dieser Auflage können, da unverändert,
nebeneinander benutzt werden.
1. Auflage

Druck: Ludwig Auer GmbH, Donauwörth
Printed in Germany
ISBN 3–19–005177–1

Inhalt

Das Ziel dieses Buches

Das **Kanji ABC** wendet sich gleichermaßen an Lernanfänger der japanischen Sprache wie an jene, die sich schon seit mehreren Jahren mit der Sprache beschäftigt haben und dennoch immer wieder *Kanji* (aus dem Chinesischen kommende Wortschriftzeichen) vergessen. Es setzt keinerlei Vorkenntnisse voraus und kann völlig unabhängig davon verwendet werden, ob das gesprochene Japanisch und die Grammatik beherrscht werden oder nicht.

Tatsächlich ist es bei zeichenorientierten Sprachen möglich, bis zu einem gewissen Grad eine sogenannte "silent literacy" zu entwickeln, d.h. einen Text verstehen zu können, ohne die Sprache zu sprechen. Das bedeutet aber auch, daß man sich neben dem eigentlichen Lernen der Sprache zusätzlich noch mit dem Lernen einer großen Anzahl von Zeichen befassen muß. Dies ist ein völlig separater Lernprozeß, was die große Schwierigkeit solcher Sprachen ausmacht. Das Ziel des **Kanji ABC** ist es, eben diese Aufgabe zu systematisieren und zu vereinfachen.

Das **Kanji ABC** beschränkt sich dabei auf die Einführung der insgesamt 1945 sogenannten *Jōyō Kanji*, die die japanische Regierung für den normalen Gebrauch empfiehlt. Da die offizielle Liste der *Jōyō Kanji* den Sprachgebrauch geprägt hat, sind damit z.B. in Zeitungstexten ca. 99% des *Kanji*- Wortschatzes abgedeckt. Des weiteren sind keine Hinweise auf Grammatik oder sonstige Anwendungen der Sprache enthalten, um eine Konzentration auf die eigentliche Aufgabe zu ermöglichen. Aus dem gleichen Grund wird auch bewußt nicht auf *Jukugo* (*Kanji*-Zusammensetzungen) eingegangen.

Wie dieses Konzept erkennen läßt, erhebt das **Kanji ABC** nicht den Anspruch, streng wissenschaftlichen Maßgaben zu folgen. Vielmehr eröffnet es dem pragmatisch Lernenden eine Strategie, die ihm den effizienten Erwerb dieses wichtigen Bausteins der japanischen Sprache ermöglicht.

Die japanische Sprache

Im heutigen Japanisch werden neben lateinischen Buchstaben, die für Abkürzungen oder Hervorhebungen in Frage kommen, drei Schriften parallel verwendet: *Kanji*, sowie die zwei Silbenschriften *Hiragana* und *Katakana*, die aus je 46 Silbenzeichen bestehen. Sie entwickelten sich aus stark vereinfachten und verkürzten chinesischen Zeichen und ermöglichen es, den gesamten Lautbestand der japanischen Sprache zu erfassen.

Hiragana übernimmt entweder grammatikalische Funktionen oder wird für Wortarten verwendet, die sich nicht in *Kanji* ausdrücken lassen. Die Benutzung von *Katakana* beschränkt sich in der Regel auf ausländische Namen oder Begriffe, die der Aussprache des Japanischen so angenähert werden, daß sie sich mit dem japanischen Silbenalphabet ausdrücken lassen.

Mithin könnte durchaus die gesamte japanische Sprache phonetisch unter ausschließlicher Verwendung nur einer der beiden Silbenschriften ausgedrückt werden. Durch den begrenzten Lautvorrat sind jedoch viele Worte mit anderen gleichlautend und unterscheiden sich nur durch die Schreibweise. Diese sogenannten *Homophone* führen in der *gesprochenen* Sprache nicht zu Verwechslungen, da die Anwendungsbereiche in der Regel klar abgegrenzt sind. Um Eindeutigkeit zu gewährleisten, kann jedoch bei der *geschriebenen* Sprache nicht auf die bedeutungstragenden *Kanji* verzichtet werden. Dies ist auch der Grund, weshalb mit einer baldigen Abschaffung der *Kanji* nicht zu rechnen ist.

Beide Silbenschriften - und somit der gesamte Lautbestand des Japanischen - lassen sich mit 22 lateinischen Buchstaben darstellen. Bei diesen Umschreibungen haben sich verschiedene Formen entwickelt. In diesem Buch wird durchgehend die Lateinumschrift nach dem Hepburn-System gewählt, die inzwischen die weiteste Verbreitung gefunden hat.

Die Kanji

Als Ende des 4. Jahrhunderts in Japan chinesische Schriftzeichen (*Kanji*) für Begriffe und Namen eingeführt wurden, prägten sie die Sprache entscheidend. Neben den Schriftzeichen übernahmen die Japaner auch die chinesische Aussprache (*On*-Lesung), die an das japanische Lautsystem angepaßt wurde. Die Tatsache, daß dabei auf die Unterscheidung des Tonfalls verzichtet wurde, ist als Ursache für die vielen *Homophone* anzusehen.

Die chinesischen Schriftzeichen wurden nicht in allen Teilen Japans zur gleichen Zeit und in der gleichen Form übernommen. Deshalb kann es für das gleiche *Kanji* mehrere *On*-Lesungen geben. Manche dieser *On*-Lesungen werden jedoch im modernen Japanisch nur sehr selten verwendet. Für dieses Buch wurden die Lesungen der *Kanji* auf der Basis einer Häufigkeitsuntersuchung des Staatlichen Instituts zur Erforschung der japanischen Sprache (*Kokuritsu kokugo kenkyūjo*) ausgewählt, so daß weniger wichtige Lesungen nicht gelernt werden müssen.

Verwendet man das *Kanji* als Einzelzeichen, so wird in der Regel die sinngleiche japanische Lesung zur Aussprache benutzt. Man spricht in diesem Kontext von der sogenannten *Kun*-Lesung, welche im Hauptteil dieses Buches (jeweils in der dritten Spalte) mit Kleinbuchstaben gekennzeichnet ist. Die *On*-Lesung wird in Zeichenverbindungen von zwei oder mehreren *Kanji* (*Jukugo*) verwendet und ist mit Großbuchstaben gekennzeichnet.

Kanji-Zusammensetzungen (Jukugo)

In diesem Buch wird nicht auf *Jukugo* eingegangen, da eine Vermischung eines Lernsystems für *Kanji* mit einem Nachschlagewerk für *Jukugo* zwangsläufig zu einem Kompromiß führen müßte, der letztlich beiden Zielen nicht gerecht würde. So ist es im Rahmen einer Einführung wenig nützlich, eine Auswahl an *Jukugo* zu treffen, da die unterschiedlichen Interessen der Studenten selbstverständlich auch einen unterschiedlichen Wortschatz erfordern. Das gezielte Erlernen der *Jukugo* ist im Rahmen des tatsächlich verwendeten Lernmaterials wesentlich zweckmäßiger. Dazu gibt es neben speziellen *Kanji*-Lexika inzwischen auch elektronische Nachschlagewerke für *Jukugo*.

Auch erscheint es aus lernökonomischen Gründen sinnvoll, sich einem intensiveren Studium von *Jukugo* erst dann zu widmen, nachdem man sich mit der Grundbedeutung der jeweiligen Einzelkanji vertraut gemacht hat. Das **Kanji ABC** konzentriert sich hierbei auf die Kernbedeutung der *Kanji*. Dies bewirkt eine leichtere Merkbarkeit als bei einer Darstellung der *Kanji* mit mehreren leicht divergierenden Bedeutungen.

Jukugo können mit Hilfe der griffigen Definition der *Kanji*, wie sie in diesem Buch vorgegeben ist, am einfachsten in der Praxis durch das Lesen von Texten erlernt werden. Da die *Kanji* wiederum durch ihre Einzelteile *(Grapheme)* erklärt werden, entsteht langsam ein komplettes Bild: *Grapheme - Kanji - Jukugo*.

Mit dieser Konzeption ist das **Kanji ABC** zu allen anderen Lernmaterialien für die japanische Sprache kompatibel. Alle notwendigen *Kanji* werden unabhängig von dem Lernmaterial oder dem benötigten Fachwortschatz eingeführt. Dennoch müssen keine unnötigen *Jukugo*, die dann in Lerntexten oder der Praxis überhaupt nicht vorkommen, gelernt werden.

Die Schwierigkeiten beim Erlernen der Kanji

Japanische Kinder lernen *Kanji* mindestens neun Jahre lang in der Schule. Dennoch kommen selbst Japaner von sehr hohem Bildungsstand nur selten ohne Zeichenlexikon aus. Man könnte daher vermuten, daß das Erlernen der *Kanji* für ausländische Studenten der japanischen Sprache ungleich schwieriger ist, zumal sie im täglichen Leben kaum mit den Schriftzeichen konfrontiert werden. Vor diesem Hintergrund bleibt nicht selten das Lesen und Schreiben der *Kanji* von vornherein aus dem jeweiligen Curriculum ausgeklammert.

Ein besonderes Problem ist, daß wir ein phonetisch orientiertes Schriftsystem gewohnt sind, d.h. die Buchstaben des Alphabets sind in der Regel an eine bestimmte Aussprache gebunden. Wie bereits dargelegt, hat jedes *Kanji* zwei oder mehrere Lesungen, und durch den begrenzten Lautvorrat gibt es viele *Homophone*. Mithin ist eine Assoziation des Schriftzeichens mit dessen Aussprache problematisch.

Eine andere Möglichkeit besteht darin, die *Kanji* mit ihren Strichfolgen zu assoziieren. Das bedeutet jedoch, graphische Strukturen lernen zu müssen, die nicht aus einer gewohnten Vorstellungswelt kommen. Bei diesem Versuch wird schnell deutlich, daß das optische Gedächtnis tatsächlich weit weniger leistungsfähig ist, als zunächst erwartet, was einen Teil der großen Schwierigkeiten beim Erlernen der *Kanji* erklärt.

Die Lösung des Kanji-Problems

Das **Kanji ABC** will zeigen, daß die *Kanji* mit der richtigen Lernstrategie durchaus zu bewältigen sind. Dabei ist der Zugang zu der Welt der *Kanji* ein völlig anderer als der bisher beschrittene. Die herkömmlichen Methoden basieren praktisch alle auf dem auch in Japan angewandten Prinzip, *Kanji* immer und immer wieder zu schreiben, ohne auf deren Struktur und innere Logik einzugehen. Aufgrund der Erfahrungen vieler Lernender muß jedoch daran gezweifelt werden, daß dies auch die beste Methode für den Nichtjapaner ist.

Die Reihenfolge der Einführung schafft ebenfalls Probleme, da ignoriert wird, daß häufig einfache *Kanji* Bausteine für kompliziertere *Kanji* sind. Wenn die Reihenfolge der *Kanji* nach Häufigkeitskriterien festgelegt wird, so hat dies zur Folge, daß die Bausteine eines *Kanji* oftmals erst wesentlich später als das eben erlernte *Kanji* eingeführt werden.

Die Idee des **Kanji ABC** ist, dem Lernenden einen Zugang zu der inneren Logik der *Kanji* zu verschaffen. Sie geht auf die didaktische Erkenntnis zurück, daß ein strukturierter Zusammenhang leichter zu merken ist als viele Einzelfakten, da die neue Information mit den bereits bekannten Informationen verknüpft werden kann. Natürlich entwickelt sich bei der bisherigen Methode im Laufe der langjährigen Beschäftigung mit den *Kanji* eine solche Struktur bei jedem Lernenden, da es sonst unmöglich wäre, sich alle *Kanji* zu merken. Dieses "Timing" ist jedoch nicht besonders rationell.

Nach den bisherigen Methoden wurden (zu Recht) mindestens zwei Jahre angesetzt, um die wichtigsten *Kanji* zu lernen. Mit der hier eingeführten Systematik ist das Erlernen aller *Kanji* in wesentlich kürzerer Zeit möglich. Mithin wurde eine Unterteilung nach der Wichtigkeit hinfällig und die Konzentration auf die Systematik der Einführung ermöglicht. Die hier verfolgte Reihenfolge ist ein entscheidender Faktor für das schnelle Erlernen und die langfristige Merkbarkeit der Schriftzeichen.

Zerlegung komplexer Strukturen zu Graphemen

Die Auflösung der graphischen Strukturen in kleinere Elemente ist ein logischer Schritt zur Beherrschung ihrer Komplexität. Schon im 2. Jahrhundert wurde in China eine Zuordnung der chinesischen Schriftzeichen zu 540 Zeichenklassen vorgenommen, wobei dies nicht wie beim **Kanji ABC** didaktischen, sondern lexikographischen Zwecken dienen sollte.

Diese Einteilung wurde im China des 18. Jahrhundert zu den bis heute gültigen sogenannten *214 historischen Radikalen* standardisiert. Die Anpassungen und Veränderungen, die im weiteren Verlauf in Japan vorgenommen wurden, führten dazu, daß viele japanische Zeichenlexika teils mehr und teils weniger als 214 Radikale benutzen. Die lexikographische Ausrichtung der historischen Radikale bedeutet, daß nicht alle Bestandteile der *Kanji* erfaßt werden. Den nichtdefinierten Teilen ist der abstrakte Begriff "Reststrichzahl" zugeordnet, was die Komposition komplexer *Kanji* aus seinen Elementen nicht zuläßt.

Das **Kanji ABC** erfaßt alle Elemente eines *Kanji*. Dabei wurde versucht, eine unnötige Zersplitterung der *Kanji* zu vermeiden und auch gehäuft auftretende Kombinationen von Elementen zu berücksichtigen. Nach dem Motto "ökonomisch sinnvoll und analytisch vertretbar" entstand eine Liste von 461 Elementen, die im folgenden als *Grapheme* bezeichnet werden.

Aus den Kombinationen der *Grapheme* lassen sich alle *Kanji* konstruieren, wobei gestreckte oder gestauchte Formen als Realisation desselben *Graphems* betrachtet werden. Mit Hilfe dieser Definition der *Grapheme* ist es möglich, ca. 70% aller 1945 *Jōyō Kanji* mit zwei oder weniger *Graphemen* zu beschreiben. Über 90% aller *Jōyō Kanji* bestehen aus ein bis drei *Graphemen*. Auch über die 1945 *Jōyō Kanji* hinaus bilden diese *Grapheme* die Grundlage für einen Großteil weiterer *Kanji*. Da in den *Graphemen* auch die historischen Radikale enthalten sind, sollte die Anpassung an jedes beliebige Radikalordnungssystem keine Schwierigkeiten bereiten.

Die Belegung der Grapheme mit Begriffen

Die 214 Radikale sehen nur in begrenztem Umfang Assoziationen vor; Anknüpfungen an gewohnte Strukturen des optischen Gedächtnisses sind nicht vorgesehen. Um diese zu ermöglichen, werden im nächsten Schritt die *Grapheme* mit bildhaften Begriffen aus unserer Vorstellungswelt verknüpft. Beim Durchblättern des **Kanji ABC** wird deutlich, daß ein großer Teil dieser Kombinationen durchaus einleuchtet. Das ist kein Zufall, da die Begriffe für jedes *Graphem* möglichst nahe an ihrer etymologischen Bedeutung orientiert wurden. Bei einigen *Kanji* werden so Vermutungen über die Entstehung des Schriftzeichens möglich, was zum Verständnis und zur Merkbarkeit beiträgt.

Die *Grapheme* fassen zum Teil aber auch solche Formen zusammen, die zwar schriftgeschichtlich unterschiedlichen Ursprungs sind, aber im Zuge von Reformen der Sprache zu identischen Schreibweisen führten. Dieser Zusammenhang und die häufig umstrittenen etymologischen Auslegungen lassen zum Teil widersprüchliche Deutungen der *Grapheme* zu. Da es wenig Sinn macht, den Lernenden damit zu belasten, wurden in diesen Fällen Kompromisse eingegangen, die uns der wissenschaftliche Etymologe verzeihen möge.

Durch diese assoziativen Memohilfen, die auf den etymologischen Bedeutungen basieren, entstehen aus fremd anmutenden, abstrakten Strichfolgen Kombinationen von Begriffen aus der Vorstellungswelt des Lernenden. Die Möglichkeit, dabei ein Gefühl für jedes *Kanji* zu entwickeln, wird entscheidend für ihre langfristige Merkbarkeit sein. Diese Methode ist an den natürlichen Ablauf von menschlichen Merkprozessen angepaßt. Jede Information wird mit bereits im Gedächtnis gespeicherten Eindrücken verknüpft und unbewußt mit Gefühlen verbunden. Da beim **Kanji ABC** Strichfolgen durch Begriffe ersetzt werden, können bisher nicht benutzte Gehirnpartien mitwirken, was zu einer wesentlichen Effizienzsteigerung führt.

Der methodische Aufbau

Das **Kanji ABC** gliedert sich in zwei Teile. In **Teil I** des Buches werden die *Grapheme* schrittweise eingeführt. Sie sind in Gruppen gegliedert, die mit einem Buchstaben des Alphabets gekennzeichnet sind. Dies ist nicht nur wegen der Konzeptverwandtschaft sinnvoll, sondern ermöglicht auch die Eingliederung in vorhandene Strukturen, was die Übersichtlichkeit und Merkbarkeit verbessert.

In **Teil II** des Buches werden zu jeder *Graphem*gruppe A-Z die aus diesen und den bereits eingeführten *Graphemen* konstruierbaren *Kanji* vorgestellt. Neben dem schrittweisen Vertrautmachen mit den *Kanji* hat diese Anordnung weitere Vorteile. Da ähnliche Schriftzeichen nahe beieinander stehen, wird die Gefahr der Verwechslung geringer, weil man sich der Unterschiede ähnlicher *Kanji* bewußt wird. Dies wird besonders deutlich, wenn man eine beliebige Seite aus Teil II dieses Buches aufschlägt, wo die *Kanji* prima facie "zum Verwechseln" ähnlich sind. Zum anderen hat das Lernen neuer *Kanji* auch einen Konsolidierungseffekt, da gleichzeitig bereits behandelter Lernstoff wiederholt und gefestigt wird.

Nicht zuletzt sind viele *Grapheme* "Lautträger". Das bedeutet, daß mit dieser Anordnung ein Großteil ähnlicher oder gleicher Aussprachemöglichkeiten (*On*-Lesungen) herausgefiltert werden kann, was deren Erlernung stark rationalisiert. So haben z.B. alle sechs *Kanji* der Gruppe Y10 die *On*-Lesung HŌ. In vielen Fällen sind die Gruppen bezüglich der *On*-Lesung jedoch inhomogen, so daß eine Heraushebung gleicher Lesungen mit einem Leuchtstift hilfreich sein kann.

Die praktische Benutzung

Das **Kanji ABC** ist zum Selbststudium geeignet und ermöglicht das Festlegen der eigenen Lerngeschwindigkeit. Das Erarbeiten in der Gruppe mag dennoch sinnvoll sein, da die Gruppendynamik die Effektivität und die Lernfreude erhöhen kann.

Zwei prinzipiell unterschiedliche Herangehensweisen sind möglich: Der Systematik des Buches entspricht es am besten, wenn der *Graphem-Kanji*-Wortschatz schrittweise aufgebaut wird. Dazu ist es sinnvoll, sich nach dem Erlernen der *Grundgrapheme* (LI 1 - FR 7) zunächst mit der *Graphem*gruppe A in Teil I vertraut zu machen und im nächsten Schritt zu den entsprechenden *Kanji* der Gruppe A in Teil II überzugehen. Mit diesem alternierenden System zwischen Teil I und Teil II für jede der *Graphem*gruppen soll der engen Verzahnung zwischen *Graphemen* und *Kanji* Rechnung getragen werden. Dabei sollte auch von dem full-time-Lernenden als äußerste Geschwindigkeitsvorgabe nicht mehr als eine der 26 Gruppen pro Tag bearbeitet werden.

Dieses konzentrierte Arbeiten wird aus zeitlichen Beschränkungen nicht immer möglich sein. Der induktive Ansatz bietet eine andere Möglichkeit, von dem Aufbau dieses Buches zu profitieren. Dabei sollten als Grundlage zunächst die Bedeutungen aller *Grapheme* aus Teil I gelernt werden. Danach können die in der praktischen Anwendung vorkommenden *Kanji* wie bei jeden anderen *Kanji*-Lehrbuch beim ersten Auftreten nachgeschlagen werden. Wird den Bestandteilen des neuen *Kanji* dann besondere Beachtung geschenkt, so werden sukzessive alle *Grapheme* wiederholt. Von Vorteil ist es außerdem, sich die Unterschiede zu den *Kanji*, die direkt vor oder nach dem aufgefundenen *Kanji* stehen, bewußt zu machen, um die Verwechslungsgefahr zu verringern.

Unabhängig von der Vorgehensweise werden spätere Wiederholungen notwendig sein. Dazu ist es zweckmäßig, zunächst die *Grapheme* zu wiederholen, und erst danach die *Kanji* in Teil II, wobei hier die Reihenfolge des Buches nicht unbedingt eingehalten werden muß. Die Seiten des **Kanji ABC** sind so aufgebaut, daß die jeweils zu wiederholende Spalte leicht mit einem Blatt Papier abgedeckt werden kann.

Hinweise zu den Graphemen in Teil I

Die in diesem Teil vorgestellten *Grapheme* sind nach lernpsychologischen Gesichtspunkten in Gruppen strukturiert. Zuächst werden die am häufigsten verwendeten *Grundgrapheme* vorgestellt, die ihrer charakteristischen Position innerhalb des *Kanji* zugeordnet sind. (LI=linksstehend, RE=rechtsstehend, OB=obenstehend, UN=untenstehend, BG=begrenzend, FR=freistehend). Diese *Grapheme* dienen nur als Basis, ihnen werden in Teil II des Buches keine *Kanji* direkt zugeordnet. Dem *Graphem*register kann jedoch entnommen werden, in welchen *Kanji* diese *Grapheme* als Bausteine vorkommen.

Die verbleibenden *Grapheme* sind in 26 Gruppen eingeteilt, die graphisch ähnliche Formen zusammenfassen und mit einem Buchstaben des Alphabets gekennzeichnet sind. Eine Ausnahme bilden die graphisch inhomogenen Gruppen A und Z, die kein gemeinsames Merkmal haben. Für die anderen Gruppen ist in der zweiten Zeile des Übersichtsrasters auf der Umschlaginnenseite explizit ein graphisches Merkmal aufgeführt. Ein geringer Teil der vorangestellten *Grundgrapheme* wird aus systematischen Gründen innerhalb der 26 Gruppen nochmals aufgeführt.

Durch die an das *Graphem* angefügten Zahlen wird auf die Reihenfolge der Schreibweise hingewiesen. Dabei gilt die Regel, daß durchgezogene Linien ungeachtet der Zahl der Krümmungen als ein Strich betrachtet werden. Da in der Literatur teilweise von der handschriftlichen, teilweise von der Druckform ausgegangen wird, kann dies in Einzelfällen zu unterschiedlichen Strichzahldefinitionen in verschiedenen Lexika führen.

Schließlich wird jedem *Graphem* ein Begriff zugeordnet. Der gleiche Begriff wird in drei Ausnahmen verschiedenen graphischen Formen zugeordnet: Mensch (LI 5 und A 3), Hand (LI 11 und G 8) und Wasser (LI 2 und P 1). Bei LI 24, RE 8, UN5, sowie LI 8 und RE 3 wurden trotz der gleichen graphischen Form unterschiedliche Begriffe vergeben, um die unterschiedliche Position innerhalb des *Kanji* zu verdeutlichen.

Wenn gleiche Strichfolgen in verschiedenen *Graphemen* vorkommen, so wird in Klammern auf vorherige *Grapheme* zurückverwiesen. Dies soll der Konsolidierung verschiedener wiederkehrender Strichfolgen dienen (rekursives Lernen) und die Verwechslungsgefahr ähnlicher Strichfolgen verringern.

Hinweise zu den Kanji in Teil II

In der **ersten Spalte** ist die Graphemgruppennummer aufgeführt, die mit den Nummern der Graphemgruppen aus Teil I korreliert. Zur Erstellung der *Kanji* in der **zweiten Spalte** wurde die in Japan meistverwendete Drucktype *minchō-tai* benutzt. Sie zeichnet sich durch die relative Dicke der vertikalen, sowie die relative Feinheit der horizontalen Striche aus. Wird diese Druckform jedoch handschriftlich verwendet, so erweckt das bei einem Japaner eine ähnliche Assoziation wie bei uns die Schrift eines Grundschülers, da sie im täglichen Gebrauch zu einer Halbkursivschrift (*gyōsho*) oder Kursivschrift (*sōsho*) vereinfacht wird, die schnelleres und flüssigeres Schreiben ermöglicht.

Wenn man sich auf das Schreiben mit Textverarbeitungssystemen (*wapuro*) oder Personalcomputern beschränken will, die in Japan weit verbreitetet sind, so ist das Erlernen der handschriftlichen Form nicht unbedingt notwendig, da die Eingabe in die Textverarbeitungssysteme über die Lateinumschrift erfolgt, wie sie in diesem Buch vorgestellt wird. Unabhängig davon, ob nur passive oder auch aktive Beherrschung der *Kanji* angestrebt wird, kann schon das einmalige Schreiben eines *Kanji* helfen, ein Gefühl für das *Kanji* zu entwickeln, was übrigens mit einem Pinselstift mehr Spaß macht.

In der **dritten Spalte** sind die *Kun-Lesung* (in Kleinbuchstaben) und die *On-Lesun*g (in Großbuchstaben) aufgeführt. Die Kernbedeutung der *Kanji* findet sich in der **vierten Spalte**. In Fällen, in denen die *On*-Lesung die nominalisierte Bedeutung der *Kun*-Lesung darstellt, wurde auf eine explizite Formulierung des Nomens in der Bedeutungsspalte verzichtet.

Bei der deutschen Bedeutung sind die für den Lernenden zunächst ungewohnten *Tadōshi-Jidōshi*-Unterschiede nach jedem in Frage kommenden Verb aufgeführt. Wie die *Kanji* für die Wörter *Tadōshi* und *Jidōshi* verdeutlichen, handelt es sich bei Jidoshi um ein "Selbst-bewegungs-Wort" und bei *Tadōshi* um ein "Etwas-anderes-bewegendes-Wort", also einer Entsprechung von intransitiven und transitiven Verben. Diese Verben haben mitunter leicht veränderte Formen, je nachdem, ob sie als *Tadōshi* oder *Jidōshi* verwendet werden, und sind deshalb im Text mit (T) oder (I) deutlich gemacht. In den Fällen, in denen ein *Kanji* im weiteren Verlauf als Baustein für andere *Kanji* dient, aber nicht *Graphem* aus Teil I ist, wurde die dazu verwendete Bedeutung kursiv gedruckt.

In der **fünften Spalte** sind die Graphembedeutungen in der Reihenfolge ihrer Schreibweise aufgeführt. In den Fällen, in denen das *Kanji* auf ein bereits eingeführtes *Kanji* zurückgreift, ist die Bedeutung dieses *Kanji* aufgeführt. In dieser Spalte ist Platz freigehalten, damit der Lernende Anmerkungen, wie z.B. persönliche Lernhilfen oder *Jukugo* notieren kann.

Teil II des Buches sind folgende Register angefügt:
- Register nach Lesungen
- Register nach Strichzahlen
- Register nach Graphemen
- Register nach Graphembedeutungen, einschließlich der *Kanji*bedeutungen die eine Graphemfunktion übernehmen.

Je nachdem, wie intensiv mit diesem Buch gearbeitet wurde, bietet auch die Graphemgruppeneinteilung eine Möglichkeit, *Kanji* schnell zu finden. Ein *Kanji* steht demzufolge immer bei dem *Graphem*, das von allen seinen Elementen zuletzt eingeführt wurde. Dabei sollte jedoch beachtet werden, daß diese Einteilung nicht nach lexikographischen Eindeutigkeitskriterien, sondern nach didaktischen Gesichtspunkten erfolgte.

Als zusätzliche Lernhilfe ist ein Computerprogramm erhältlich, das auf der Systematik des **Kanji ABC** basiert. Das Programm, das auf IBM-kompatiblen Computern eingesetzt werden kann, stellt eine sinnvolle Ergänzung zu diesem Buch dar. Es ermöglicht ein schnelles Auffinden der *Kanji* nach verschiedenen Suchkriterien. Zudem können verschiedene Lernroutinen vorprogrammiert werden. Eine statistische Lern- und Erfolgskontrolle schafft dabei die Voraussetzung für messbare Erfolgserlebnisse. Weitere Informationen sind erhältlich bei: KANJI SYSTEMS, Großingersheimerweg 6, 7149 Freiberg.

Wir danken allen, die mit wertvollen Hinweisen das Entstehen dieses Buches ermöglicht haben und hoffen, damit eine solide Grundlage zur Bewältigung der *Kanji* geschaffen zu haben. Daß dies dennoch keine leichte Aufgabe ist, sondern ein überdurchschnittliches Maß an Ausdauer erfordert, möchten wir hier nochmals betonen. Doch diese Sprache zu meistern, ist ein außerordentlich lohnenswertes Ziel. Daran sollte man sich erinnern, wenn man bisweilen, wie jeder der *Kanji* lernt, von dieser Aufgabe überwältigt zu werden scheint.

Heidelberg, Mai 1992
Naoko Tamura
Andreas Foerster

Graphemgruppe Links

冫	1 Eis	犭	10 Wachhund	酉	19 Wein
氵	2 Wasser, Flüssigkeit	扌	11 Hand	飠	20 Essen
忄	3 Gefühl	礻	12 Altar (zur Verehrung der Vorfahren)	金	21 Metall
丬	4 Seite	衤	13 Mantel	馬	22 Pferd
亻	5 Mensch	糹	14 Faden, fortlaufend	日	23 Sonne, Tag
禾	6 Reispflanze	王	15 König	月	24 Körperteil
米	7 Reiskorn	木	16 Baum, Holz		
阝	8 Festung	訁	17 Worte		
弓	9 Bogen	𧾷	18 Fuß		

Graphemgruppen Rechts - Oben

彡	1 Form	䒑	1 Hörner	⺍	9 ansammeln
刂	2 Schwert	⺌	2 klein	爫	10 streichelnde Hand
阝	3 Stadtmauer	龴	3 typisch	𠂉	11 menschlich
卩	4 Siegel	⺈	4 verschnürt	⻗	12 Regen
攵	5 Lehrer	宀	5 Haus		
頁	6 Kopf	艹	6 Blume		
隹	7 Huhn	⺮	7 Bambus		
月	8 Monat, Mond	罒	8 Netz		

Graphemgruppen Begrenzung - Unten - Frei

厂	1 Abhang	八	1 Tierbeine	丶	1 Tropfen, Punkt
广	2 Gebäude	儿	2 Beine	⺢	2 sehr viel
疒	3 Krankheit	心	3 Herz	丨	3 halbieren
辶	4 Reisender	灬	4 Ofenfeuer	卜	4 Wünschelrute
廴	5 große Schritte	月	5 Körperteil	巾	5 Tuch
口 (letzter)	6 eingeschlossen			土	6 Erde
				大	7 groß

Graphemgruppe A

一	1 eins	刀	10 Messer	凵	19 Schüssel
二	2 zwei	女	11 Frau	斤	20 Axt
人	3 Mensch	小	12 klein	丘	21 Hügel
山	4 Berg	少	13 ein wenig	羽	22 Feder
石	5 Stein	皿	14 Teller		
耳	6 Ohr	子	15 Kind		
火	7 Feuer	母	16 Mutter		
川	8 Fluß	父	17 Vater		
力	9 Kraft	乂	18 Schere		

Graphemgruppe B

口	1 Mund	㠯	10 Beamter		
言	2 Worte (LI17)	呂	11 Management (B1, FR1, B1)		
占	3 wahrsagen (FR4,B1)	中	12 Mitte		
加	4 hinzufügen (A9, B1)	虫	13 Insekt (B12, ...)		
召	5 Höflichkeitsform (A10,B1)	虫	14 Mittelweg (B12, A1)		
豆	6 Bohne (A1, B1, OB1)	串	15 Mittelpunkt (B1, B1, FR3)		
兄	7 älterer Bruder (B1, UN2)				
兑	8 Teufel (..., B7)				
𠂤	9 Anführer				

Graphemgruppe C

日	1 Sonne, Tag	良	10 gut (FR1, C9)	貝	19 Geld (Muschel) (C13, UN1)
旦	2 Sonnenaufgang (C1, A1)	鳥	11 Vogel	則	20 Regel (C19, RE2)
亘	3 Zeitspanne (A1, C1, A1)	車	12 Wagen (C3, FR3)		
旧	4 veraltet (FR3, A1)	目	13 Auge		
白	5 weiß (FR1, A1)	相	14 gegenseitig (LI16, C13)		
原	6 Ursprung (BG1, C5, A12)	且	15 zusätzlich		
百	7 hundert (A1, C5)	自	16 Nase (selbst) (FR1, C13)		
門	8 Tor	首	17 Hals (OB1, C16)		
艮	9 fest	見	18 sehen (C13, UN2)		

Graphemgruppe D

田	1 Reisfeld	甲	10 erstrangig (C1, FR3)		
苗	2 Setzling (OB6, D1)	申	11 Bericht (C1, FR3)		
畐	3 Wohlstand (A1, B1, D1)	里	12 Heimatdorf (D10, A2)		
魚	4 Fisch (OB4, D1, UN4)	単	13 einfach (OB9, C1, A1, FR3)		
曽	5 zunehmen (..., D1, C1)	果	14 Frucht (C1, ...)		
由	6 Grund				
亩	7 Almosen (A1, C1, FR3)				
曲	8 beugen				
曹	9 Kamerad (A1, D8, C1)				

Graphemgruppe E

丁	1 Häuserblock	寸	10 in der Nähe		
了	2 Schluß	付	11 haften (LI5, E10)		
矛	3 Speer (OB3, ...)	寺	12 Tempel (FR6, E10)		
可	4 Möglichkeit (E1, B1)	専	13 Spezial (D7, E10)		
奇	5 seltsam (FR7, E4)				
牙	6 Stoßzahn				
示	7 zeigen (A2, A12)				
于	8 Großraum				
才	9 Genie				

Graphemgruppe F

十	1 zehn	羊	10 Schaf (OB1, A2, FR3)		
斗	2 Eimer (..., F1)	半	11 Hälfte (OB1, A1, FR3)		
古	3 alt (F1, B1)	[illegible]	12 Schranke		
固	4 hart (BG6, F3)	[illegible]	13 Dieb (..., B1, F12)		
早	5 früh (C1, F1)				
𠦝	6 Nebel (F1, C1, F1)				
干	7 trocknen (A2, FR3)				
[illegible]	8 trommeln (OB10, F7, A19)				
平	9 flach				

Graphemgruppe G

千	1 tausend	垂	10 herunterhängen		
舌	2 Zunge (G1, B1)	彳	11 Schritt		
重	3 schwer (..., C1, ...)	行	12 gehen (G11, A1, E1)		
禾	4 Reispflanze (LI6)	升	13 Flasche		
釆	5 Nummer	隹	14 Huhn (RE7)		
壬	6 Lastenträger				
廷	7 Behörde (G6, BG5)				
手	8 Hand				
乗	9 fahren				

Graphemgruppe H

牛	1 Kuh	乍	10 machen		
告	2 melden (..., B1)	竹	11 Bambus (OB7)		
先	3 vorher (..., UN2)				
生	4 Leben				
朱	5 zinnoberrot				
失	6 verlieren				
矢	7 Pfeil				
午	8 Mittag				
隹	9 Adler (OB11, A1, G14)				

Graphemgruppe I

士	1 Fachmann	並	10 aufreihen	⺷	19 Schafwolle (OB1, I17)
吉	2 Glück (I1, B1)	亜	11 Asien		
土	3 Erde (FR6)	西	12 Westen		
赤	4 rot (I3, ...)	龶	13 aufwachsen		
圭	5 Erdhügel (I3, I3)	堇	14 Untergebener (OB6, B1, ...)		
孝	6 Kindespflicht (I3, ..., A15)	青	15 blau (I13, UN5)		
者	7 arbeitende Person (I3, ..., C1)	責	16 Verantwortung (I13, C19)		
工	8 Handwerk	王	17 König (LI15)		
五	9 fünf	主	18 Hauptperson (FR1, I17)		

Graphemgruppe J

木	1 Baum, Holz	米	10 Reiskorn (LI7)		
采	2 pflücken (OB10, J1)	束	11 Bündel (..., B1, ...)		
喿	3 Vogelnest (B1, B1, B1, J1)	東	12 Osten (..., C1, ...)		
林	4 Forst (J1, J1)				
麻	5 Hanf (BG2, J4)				
本	6 Hauptteil (J1, A1)				
未	7 noch nicht (A1, J1)				
末	8 Ende (A1, J1)				
朮	9 Harz (J1, FR1)				

Graphemgruppe K

冉	1 Blumenstrauß (F1, ...)	艹	10 Kräuter		
开	2 mit beiden Händen	昔	11 früher (K10, C1)		
廾	3 flexibel	共	12 zusammen (K10, UN1)		
廿	4 Leder				
革	5 Reform (K4, B1, F1)				
甘	6 süß				
某	7 ein gewisses (K6, J1)				
其	8 Spiel (..., UN1)				
井	9 Brunnen				

Graphemgruppe L

冖	1 Decke	咼	10 Gefahr (..., L6, B1)	冊	19 Bücherband (L6, ...)
𭕄	2 Schulhaus (OB9, L1)	岡	11 Stahl (L6, OB1, A4)	再	20 nochmals (A1, L6, ...)
尚	3 Oberschicht (OB2, L1, B1)	而	12 Bart	冓	21 Struktur (..., L20)
売	4 verkaufen (I1, L1, UN2)	禺	13 Skorpion (C1, L6, ...)	舟	22 Schiff
軍	5 Armee (L1, C12)	月	14 Mond, Monat (LI24)	几	23 Tisch
冂	6 Hohlraum	肖	15 Ähnlichkeit (OB2, L14)	凡	24 normal (L23, FR1)
内	7 innen (L6, A3)	用	16 benutzen (L14, FR3)		
同	8 gleich (L6, A1, B1)	甫	17 Angel (A1, L14, FR3, FR1)		
周	9 Umgebung (L6, FR6, B1)	円	18 Kreis		

Graphemgruppe M

亠	1 hoch	亦	10 rosa (siehe I4)	亠丷冂	19 beraten
亠口	2 Pavillon (M1, B1)	立	11 stehen	产	20 standfest (M11, ...)
京	3 Hauptstadt (M2, A12)	咅	12 Menschengruppe (M11, B1)		
市	4 Markt (M1, FR5)	音	13 Ton (M11, C1)		
亡	5 verstorben	章	14 Satz (M13, F1)		
方	6 Richtung	意	15 Wille (M13, UN3)		
文	7 Text	亲	16 erstmalig (M11, J1)		
斉	8 parallel (M7, ...)	辛	17 scharf (M11, F1)		
交	9 verkehren (M1, A17)	亠丷冖	18 Kaiser		

Graphemgruppe N

乚	1 Haken	化	10 verwandeln (LI5, N9)	电	19 Blitz (C1, N1)
乙	2 zweitklassig	比	11 vergleichen (..., N9)	九	20 neun
心	3 Herz	北	12 Norden (..., N9)	卆	21 90 Grad Winkel (N20, F1)
必	4 gewiß	旨	13 wesentlich (N9, C1)	丸	22 rund (N20, FR1)
穴	5 Luftloch (OB5, UN2)	兆	14 Billion	㔾	23 Merkmal
元	6 Ursache (A2, UN2)	七	15 sieben	巴	24 Schlange
酉	7 Wein (LI19)	虍	16 Tiger (FR4, ..., N15)	也	25 Trichter
尢	8 versinken	毛	17 Wolle		
匕	9 hocken	屯	18 Kaserne		

Graphemgruppe O

止	1 anhalten	是	10 ordnungsgemäß (C1, O6)		
歩	2 laufen (O1, A13)				
延	3 verlängern (..., O1, BG5)				
卸	4 Großhandel (OB11, A1, O1, RE4)				
正	5 richtig (A1, O1)				
疋	6 konstant				
疋	7 tanzen (O6)				
足	8 genügen (B1, O6)				
走	9 rennen (FR6, O6)				

Graphemgruppe P

水	1 Wasser	辰	10 zittern (BG1, A1, P8)		
永	2 Ewigkeit	氏	11 Familie		
求	3 fordern	氐	12 niedrig (P11, A1)		
	4 weit	民	13 Volk		
	5 Kummer	以	14 Steigerung		
襄	6 kompliziert (M1, UN1, ..., P5)		15 außerhalb (..., A10)		
衣	7 Kleidung (M1, P5)	卬	16 Beschützer (..., RE4)		
	8 Trauer				
長	9 lang (..., P8)				

Graphemgruppe Q

厶	1 selbst	充	10 füllen (Q8, UN2)		
台	2 Gestell (Q1, B1)	鬼	11 Dämon (FR1, D1, UN2, Q1)		
能	3 Begabung (Q1, L14, N9, N9)	亥	12 Kern (M1, ...)		
広	4 breit (BG2, Q1)	幺	13 Faser		
云	5 Wolke (A2, Q1)	玆	14 verstärken (Q13, Q13)		
至	6 ankommen (A1, Q1, FR6)	玄	15 dunkel (M1, Q13)		
去	7 vergehen (FR6, Q1)	糸	16 Faden, fortlaufend (LI14)		
𠫓	8 Entwicklung (M1, Q1)	系	17 Abstammung (..., Q16)		
育	9 aufziehen (Q8, UN5)				

Graphemgruppe R

又	1 noch eins	支	10 Zweig (F1, R1)		
取	2 nehmen (A6, R1)	皮	11 Haut (..., R1)		
叔	3 Onkel (FR4, A1, A12, R1)				
隻	4 eins von beiden (G14, R1)				
祭	5 Fest (L14, R1, E7)				
殳	6 zuschlagen (L23, R1)				
圣	7 vertikal (R1, FR6)				
奴	8 Sklave (A11, R1)				
反	9 Anti (BG1, R1)				

Graphemgruppe S

奐	1 Austausch (OB4, ..., UN2, FR7)	昜	10 heiß (C1, A1, S8)	名	19 Name (S17, B1)
免	2 entkommen (OB4, ..., UN2)	豕	11 Schweinebauch	歹	20 sterben (A1, S17)
勹	3 einhüllen	家	12 Heim (OB5, S11)	列	21 Reihe (S20, RE2)
勺	4 Schöpfkelle (S3, FR1)	㒸	13 Wildschwein (..., S11)	久	22 lange Zeit
句	5 Phrase (S3, B1)	貇	14 familiär (..., C9)	夂	23 marschieren
旬	6 10 Tage (S3, C1)	欠	15 fehlen	复	24 zusammengefaltet (OB11, C1, S23)
曷	7 ausgetrocknet (C1, S3, N9)	次	16 nächste (LI1, S15)	夋	25 anstacheln (Q1, UN2, S23)
勿	8 niemals (S3, ...)	夕	17 Abend	各	26 jedes (S23, B1)
万	9 10.000	舛	18 Opposition (S17, F12)		

Graphemgruppe T

癶	1 Vulkan	合	10 passen (T2, A1, B1)		
𠆢	2 Dach	㑒	11 überprüfen (T2, A1, B1, A3)		
介	3 dazwischen (T2, ...)	俞	12 umstellen (T2, A1, L14, RE2)		
余	4 übriglassen (T2, A2, A12)	侖	13 Logik (T2, A1, L19)		
金	5 Metall (LI21)	八	14 acht		
舎	6 Hütte (T2, FR6, B1)	公	15 öffentlich (T14, Q1)		
食	7 Essen (T2, C10)	㕣	16 auslaufen (T14, B1)		
命	8 Befehl (T2, A1, ...)	谷	17 Tal (..., T2, B1)		
今	9 jetzt (T2, A1, ...)	丌	18 Hocker (A1, UN1)		

Graphemgruppe U

尸	1 Hinterteil				
辟	2 Gefängnis (U1, B1, M17)				
尺	3 Maß (U1, ...)				
戶	4 Tür (A1, U1)				
扁	5 ausdehnen (U4, L19)				
倉	6 Speisekammer (T2, A1, ..., B1)				

Graphemgruppe V

右	1 rechts (..., B1)	莫	10 verborgen (OB6, C1, V9)	夹	19 eingequetscht
有	2 haben (..., L14)	犬	11 Hund (V9, FR1)	龹	20 Urkunde
布	3 Leintuch (..., FR5)	尞	12 sich erholen (V9, ..., C1, A12)	𡗗	21 Tatsache
才	4 existieren	天	13 Himmel (A1, V9)	龶	22 langlebig
𠂇	5 stabil	关	14 Glut (OB1, V9)		
友	6 Freund (V5, R1)	夫	15 Ehemann (A1, V9)		
史	7 Geschichte (B1, ...)	𦰩	16 schwierig (OB6, B1, V15)		
更	8 wieder (A1, C1, ...)	夬	17 Entscheidung		
大	9 groß (FR7)	央	18 Zentrum		

Graphemgruppe W

弋	1 Zeremonie	戌	10 Rückhalt		
弌	2 Lanze (..., W1)	成	11 werden		
代	3 ersetzen (LI5, W1)	戋	12 seicht		
戈	4 Waffe				
𢦏	5 verwunden (F1, W4)				
戠	6 Webstuhl (M13, W4)				
我	7 eigen				
義	8 ggs. Verpflichtung (I19, W7)				
戊	9 wachsen				

Graphemgruppe X

1 2 3 彐	1 Besen	君	10 Du (X6, B1)		
翟	2 Intervall (X1, X1, G14)	争	11 Streit (OB4, X6)		
𠬶	3 eintauchen (X1, L1, R1)				
帚	4 putzen (X1, L1, FR5)				
录 4	5 Kupfer (X1, ..., FR2)				
4 1 2 3 肀	6 Besenstiel				
隶	7 Sünde (X6, FR2)				
聿	8 Pinsel (X1, A2, FR3)				
兼 9 7 8 10	9 gleichzeitig (OB1, X6, ...)				

匚	1 Kasten	包	10 einwickeln (S3, Y9)		
区	2 Einteilung (..., A18, ...)	弓	11 Bogen (LI9)		
匹	3 ebenbürtig (..., UN2, ...)	弔	12 Beileid (Y11, FR3)		
巨	4 riesig	弗	13 aufkochen (Y11, ...)		
臣	5 Minister	丂	14 schmutzig		
𦣝	6 Aufsicht (Y5, OB11, A1)	考	15 denken		
臤	7 massiv (Y5, R1)	与	16 geben (Y14, A1)		
馬	8 Pferd (LI22)	吳	17 Land im alten China (B1, ..., T18)		
己	9 Egoist				

Graphemgruppe Z

乚	1 Winkel	丁	10 pflegen	敝	19 Papiergeld (OB2, L6, A12, RE5)
𠂤	2 Stufe	之	11 unzureichend	鬲	20 Wassergraben (A1, B1, L6, UN2,...)
非	3 negative Bewertung	為	12 handeln	世	21 Zeitalter
不	4 Negation des Zustands	入	13 hineingehen	亘	22 betrübt (A1, FR1, C13, L1)
無	5 Negation der Existenz	屰	14 umgekehrt (OB1, A19, ...)		
片	6 einseitig	敢	15 mutig (..., A6, RE5)		
厂	7 Kreislauf	身	16 Körper		
乃	8 sensationell	产	17 hübsch (BG6, ...)		
及	9 erreichen	刂	18 Langschwert		

A1	一	hito(tsu) ICHI	eins	Graphem
A1	上	a(garu/geru) nobo(ru), ue, JŌ	*aufsteigen* erhöhen , oben	Wünschelrute, eins
A1	下	sa(garu/geru), shita kuda(saru), GE, KA	*absteigen*, unten geben	eins, Wünschelrute
A1	光	hika(ru), hikari KŌ	scheinen, *Licht*	klein, eins, Beine
A2	二	futa, futa(tsu) NI	zwei	Graphem
A2	仁	JIN	Wohltätigkeit Humanität	Mensch, zwei
A2	三	mi, mit(tsu) SAN	*drei*	eins, zwei
A3	人	hito NIN, JIN	Mensch	Graphem
A3	囚	SHŪ	Gefangener	eingeschlossen, Mensch
A3	座	suwa(ru) ZA	sich setzen Sitz	Gebäude, Mensch, Mensch, Erde

A4	山	yama SAN	Berg	Graphem
A4	仙	SEN	*Einsiedler*	Mensch, Berg
A4	峠	tōge	Bergpaß	Berg, aufsteigen, absteigen
A4	出	de(ru), da(su) SHUTSU	*hinausgehen* (I), heraus- nehmen (T); (Strichfolge!)	Berg, Berg
A4	拙	SETSU	ungeschickt	Hand, hinausgehen
A5	石	ishi SEKI	Stein	Graphem
A5	拓	TAKU	Urbarmachung	Hand, Stein
A5	岩	iwa GAN	Felsen	Berg, Stein
A6	耳	mimi JI	Ohr	Graphem
A6	恥	haji(ru), haji ha(zukashii), CHI	sich schämen, Schande schüchtern	Ohr, Herz

A6	摂	SETSU	stellvertretend	Hand, Ohr, sehr viel
A7	火	hi KA	Feuer	Graphem
A7	灰	hai KAI	*Asche*	Abhang, Feuer
A7	炭	sumi TAN	Kohle	Berg, Asche
A7	煩	wazura(u/wasu) HAN	sich sorgen um (I), jemanden beunruhigen (T)	Feuer, Kopf
A7	秋	aki SHŪ	*Herbst*	Reispflanze, Feuer
A7	愁	ure(i) SHŪ	Kummer	Herbst, Herz
A7	炎	honō EN	*Flamme* Entzündung	Feuer, Feuer
A7	淡	awa(i) TAN	matt, schwach	Wasser, Flamme
A7	談	DAN	Unterhaltung	Worte, Flamme

A8	川	kawa SEN	Fluß	Graphem
A8	訓	KUN	Belehrung	Worte, Fluß
A8	順	JUN	Reihenfolge	Fluß, Kopf
A8	巡	megu(ru) JUN	herumreisen	Fluß, Reisender
A8	災	wazawa(i) SAI	Katastrophe	Fluß, Feuer
A8	州	SHŪ	Erd-, *Landesteil*	(drei) Punkt, Fluß
A8	酬	SHŪ	Belohnung	Wein, Landesteil
A9	力	chikara RYOKU, RIKI	Kraft	Graphem
A9	筋	suji KIN	Logik Muskel	Bambus, Körperteil, Kraft
A9	脅	obiya(kasu) odo(su), KYŌ	bedrohen	(drei) Kraft, Körperteil

A10	刀	katana TŌ	Messer	Graphem
A10	初	haji(me), hatsu SHO	Anfang, erstmalig	Mantel, Messer
A10	辺	ata(ri), be HEN	Nähe, Umgebung	Messer, Reisender
A10	刃	ha JIN	Schneide, *Klinge*	Messer, Tropfen
A10	忍	shino(bu) NIN	verstecken *ertragen*, erleiden	Klinge, Herz
A10	認	mito(meru) NIN	anerkennen genehmigen	Worte, ertragen
A11	女	onna NYO, JO	Frau weiblich	Graphem
A11	安	yasu(i) AN	billig *friedlich, entspannt*	Haus, Frau
A11	案	AN	Plan	entspannt, Baum
A11	桜	sakura Ō	Kirsch(-baum)	Baum, ansammeln, Frau

A11	妥	DA	Zufriedenheit	streichelnde Hand, Frau
A12	小	ko, chii(sai) SHŌ	klein	Graphem
A12	称	SHŌ	Titel, Name	Reispflanze, menschlich, klein
A13	少	suko(shi) suku(nai), SHŌ	(ein) wenig	Graphem
A13	抄	SHŌ	Auszug, Extrakt	Hand, ein wenig
A13	秒	BYŌ	Sekunde	Reispflanze, ein wenig
A13	妙	MYŌ	seltsam	Frau, ein wenig
A13	砂	suna SHA, SA	Sand	Stein, ein wenig
A13	劣	oto(ru) RETSU	unterlegen sein	ein wenig, Kraft
A14	皿	sara	Teller	Graphem

A14	血	chi KETSU	*Blut*	Tropfen, Teller
A15	子	ko SU, SHI	Kind	Graphem
A15	字	aza JI	Schriftzeichen	Haus, Kind
A15	好	su(ku), kono(mu) KŌ	mögen, gern haben	Frau, Kind
A15	猛	MŌ	heftig	Wachhund, Kind, Teller
A15	浮	u(ku), u(kareru) FU	schweben (I), gelöst sein	Wasser, streichelnde Hand, Kind
A16	母	haha BO	Mutter	Graphem
A16	毎	MAI	*jeder*, jeden, jedes	menschlich, Mutter
A16	海	umi KAI	Meer	Wasser, jeder
A16	悔	ku(yamu) kuya(shii), KAI	bereuen bedauerlich	Gefühl, jeder

A16	梅	ume BAI	Pflaumen(-baum)	Baum, jeder
A16	侮	anado(ru) BU	verachten	Mensch, jeder
A16	敏	BIN	flink	Lehrer, jeder
A17	父	chichi FU	Vater	Graphem
A18	刈	ka(ru)	abschneiden	Schere, Schwert
A18	図	haka(ru) TO, ZU	planen	eingeschlossen, Punkt, Punkt, Schere
A19	凶	KYŌ	*Übel*, Unglück	Schere, Schüssel
A19	悩	naya(mu/masu) NŌ	leiden (I), belästigen (T)	Gefühl, ansammeln, Übel
A19	脳	NŌ	Gehirn	Körperteil, ansammeln, Übel
A20	斤	KIN	Axt	Graphem

A20	近	chika(i) KIN	nahe	Axt, Reisender
A20	祈	ino(ru) KI	beten	Altar, Axt
A20	析	SEKI	zerhacken auseinandernehmen	Holz, Axt
A20	折	o(reru/ru) SETSU	umbiegen (I), *brechen* (T)	Hand, Axt
A20	逝	yu(ku) SEI	sterben Tod	brechen, Reisender
A20	斥	SEKI	von sich *fernhalten* ablehnen	Axt, Tropfen
A20	訴	utta(eru) SO	(an)klagen	Worte, von sich fernhalten
A21	丘	oka KYŪ	Hügel	Graphem
A21	兵	HYŌ HEI	*Soldat*	Hügel, Tierbeine
A21	浜	hama HIN	Strand	Wasser, Soldat

A21	岳	take GAKU	Berg	Hügel, Berg
A22	羽	ha, hane U	Feder, Flügel	Graphem
B1	口	kuchi KU KŌ	Mund Öffnung	Graphem
B1	四	yon, yot(tsu) SHI	vier	eingeschlossen, Beine
B1	回	mawa(ru/su) KAI	*drehen* (T) x-Mal	eingeschlossen, Mund
B1	和	yawara(gu/geru) nago(mu), WA	besänftigen, friedlich werden, japanisch	Reispflanze, Mund
B1	如	NYO JO	gleich	Frau, Mund
B1	哲	TETSU	Weisheit	brechen, Mund
B1	品	shina HIN	*Ware*	(drei) Mund
B1	器	utsuwa KI	Gerät, Gefäß	groß, (vier) Mund

B1	拐	KAI	entführen	Hand, Mund, Messer
B1	絹	kinu KEN	Seide	Faden, Mund, Körperteil
B1	塩	shio EN	Salz	Erde, menschlich, Mund, Teller
B2	言	i(u), koto GON GEN	sagen Worte	Graphem
B2	信	SHIN	Glaube, Vertrauen	Mensch, Worte
B2	罰	BATSU BACHI	Strafe	Netz, Worte, Schwert
B2	誓	chika(u) SEI	schwören	brechen, Worte
B3	占	shi(meru), urana(u) SEN	besitzen wahrsagen	Graphem
B3	粘	neba(ru) NEN	kleben zäh	Reiskorn, wahrsagen
B3	店	mise TEN	Laden, Geschäft	Gebäude, wahrsagen

B3	点	TEN	Punkt	wahrsagen, Ofenfeuer
B4	加	kuwa(waru/eru) KA	hinzufügen	Graphem
B4	架	ka(karu/keru) KA	aufhängen (I, T)	hinzufügen, Holz
B5	召	me(su) SHŌ	Höflichkeitsform für essen, trinken usw.	Graphem
B5	沼	numa SHŌ	Sumpf	Wasser, Höflichkeitsform
B5	招	mane(ku) SHŌ	einladen herbeiwinken	Hand, Höflichkeitsform
B5	詔	mikotonori SHŌ	kaiserlicher Erlaß	Worte, Höflichkeitsform
B5	紹	SHŌ	bekanntmachen,	Faden, Höflichkeitsform
B5	昭	SHŌ	klar, *hell*	Sonne, Höflichkeitsform
B5	照	te(ru/rasu) SHŌ	beleuchten	hell, Ofenfeuer

B6	豆	mame TŌ	Bohne, Miniatur-	Graphem
B6	頭	atama, kashira TŌ, ZU	Kopf	Bohne, Kopf
B6	痘	TŌ	Pocken	Krankheit, Bohne
B7	兄	ani KEI	älterer Bruder	Graphem
B7	況	KYŌ	Zustand	Wasser, älterer Bruder
B7	祝	iwa(u) SHUKU	feiern, gratulieren	Altar, älterer Bruder
B8	鋭	surudo(i) EI	scharf	Metall, Teufel
B8	税	ZEI	Steuer	Reispflanze, Teufel
B8	説	to(ku) SETSU	erklären, überzeugen Meinung	Worte, Teufel
B8	悦	ETSU	Freude	Gefühl, Teufel

B8	脱	nu(gu/gasu) DATSU	sich ausziehen (I) Auslassung	Körperteil, Teufel
B9	帥	SUI	kommandieren	Anführer, Tuch
B9	師	SHI	Gelehrter	Anführer, eins, Tuch
B9	追	o(u) TSUI	verfolgen	Anführer, Reisender
B10	官	KAN	Beamter Behörde	Haus, Beamter
B10	棺	KAN	Sarg	Holz, Haus, Beamter
B10	館	KAN	Halle Gebäude	Essen, Haus, Beamter
B10	管	kuda KAN	Rohr Röhre	Bambus, Haus, Beamter
B11	宮	miya GŪ, KYŪ	Schrein Palast	Haus, Management
B12	中	naka CHŪ	Mitte, innerhalb ganz, durchgehend	Graphem

B12	仲	naka CHŪ	zwischenmenschliche Be- ziehung, Vermittlung	Mensch, Mitte
B12	沖	oki CHŪ	hohe See	Wasser, Mitte
B12	忠	CHŪ	Treue Loyalität	Mitte, Herz
B13	虫	mushi CHŪ	Insekt	Graphem
B13	独	hito(ri) DOKU	allein Deutschland	Wachhund, Insekt
B14	遣	tsuka(u/wasu) KEN	senden (T)	Mittelweg, Beamter, Reisender
B15	患	wazura(u) KAN	erkranken	Mittelpunkt, Herz
C1	日	hi, ka JITSU, NICHI	Tag Sonne	Graphem
C1	晶	SHŌ	Kristall	(drei) Sonne
C1	唱	tona(eru) SHŌ	vortragen	Mund, Sonne, Sonne

C1	宴	EN	Bankett	Haus, Tag, Frau
C1	温	atata(maru/meru) atata(kai), ON	erwärmen (I, T) warm	Wasser, Sonne, Teller
C1	厚	atsu(i) KŌ	dick herzlich	Abhang, Sonne, Kind
C2	担	katsu(gu), nina(u) TAN	eine Last tragen auf sich nehmen	Hand, Sonnenaufgang
C2	胆	TAN	Gallenblase	Körperteil, Sonnenaufgang
C2	但	tada(shi)	aber, Vorbehalt	Mensch, Sonnenaufgang
C3	恒	KŌ	beständig fortwährend	Gefühl, Zeitspanne
C3	垣	kaki	Zaun	Erde, Zeitspanne
C3	宣	SEN	Verkündigung	Haus, Zeitspanne
C4	旧	KYŪ	veraltet alt, Ex-	Graphem

C4	児	NI JI	Säugling	veraltet, Beine
C4	稲	ine TŌ	Reispflanze	Reispflanze, streichelnde Hand, veraltet
C4	陥	ochii(ru)/ otoshii(reru), KAN	in Schwierigkeiten geraten in Schwierigkeiten bringen	Festung, verschnürt, veraltet
C5	白	shiro, shiro(i) BYAKU, HAKU	weiß	Graphem
C5	拍	HYŌ HAKU	klatschen	Hand, weiß
C5	泊	to(maru/meru) HAKU	übernachten (-lassen)	Wasser, weiß
C5	伯	HAKU	Senior	Mensch, weiß
C5	迫	sema(ru) HAKU	(be)drängen, näherrücken	weiß, Reisender
C5	習	nara(u) SHŪ	lernen	Feder, weiß
C5	楽	tano(shii) RAKU, GAKU	*fröhlich* bequem, Musik	weiß, sehr viel, Baum

C5	薬	kusuri YAKU	Medizin	Blume, fröhlich
C5	綿	wata MEN	Baumwolle	Faden, weiß, Tuch
C6	原	hara GEN	Feld Ursprung	Graphem
C6	源	minamoto GEN	Quelle	Wasser, Ursprung
C6	願	nega(u) GAN	wünschen Wunsch, Bitte	Ursprung, Kopf
C7	百	HYAKU	hundert	Graphem
C7	宿	yado(ru/su), yado SHUKU	beherbergen (T) *Unterkunft*	Haus, Mensch, hundert
C7	縮	chiji(maru/meru) SHUKU	schrumpfen (I), verkürzen	Faden, Unterkunft
C8	門	kado MON	Tor	Graphem
C8	問	to(u) MON	fragen	Tor, Mund

C8	聞	ki(ku) MON, BUN	hören, fragen	Tor, Ohr
C8	閲	ETSU	Untersuchung	Tor, Teufel
C8	間	aida, ma KEN, KAN	Zeitraum *Zwischenraum*	Tor, Tag
C8	簡	KAN	einfach	Bambus, Zwischenraum
C8	潤	uruo(u/su) JUN	feucht werden (I), profitieren befeuchten (T)	Wasser, Tor, König
C9	根	ne KON	Wurzel	Baum, fest
C9	恨	ura(mu), ura(meshii) KON	bedauern, grollen(d)	Gefühl, fest
C9	銀	GIN	Silber	Metall, fest
C9	限	kagi(ru) GEN	begrenzen Limit	Festung, fest
C9	退	shirizo(ku/keru) TAI	sich zurückziehen (I), zurücktreiben (T)	fest, Reisender

C9	即	SOKU	auf der Stelle, *sofort*	Siegel, fest
C9	節	fushi SETSU	Segment Teil einer Serie	Bambus, sofort
C10	良	yo(i) RYŌ	gut	Graphem
C10	浪	RŌ	(herum)treiben Wellen	Wasser, gut
C10	朗	hoga(raka) RŌ	heiter, fröhlich	gut, Mond
C10	郎	RŌ	männlicher *Vorname* (Suffix)	gut, Stadtmauer
C10	廊	RŌ	Korridor	Gebäude, Vorname
C10	娘	musume	Tochter	Frau, gut
C11	鳥	tori CHŌ	Vogel	Vogel, Ofenfeuer
C11	鳴	na(ru/rasu) na(ku), MEI	ertönen singen, zwitschern	Mund, Vogel, Ofenfeuer

C11	島	shima TŌ	Insel	Vogel, Berg
C12	車	kuruma SHA	Wagen Rad	Graphem
C12	陣	JIN	Feldlager Stellung	Festung, Wagen
C12	庫	KO	Garage Lagerhaus	Gebäude, Wagen
C12	連	tsu(reru), REN tsura(naru/neru)	jemanden mitnehmen aneinander reihen (T)	Wagen, Reisender
C12	漸	ZEN	allmählich	Wasser, Wagen, Axt
C12	暫	ZAN	eine Weile	Wagen, Axt, Tag
C13	目	me MOKU	Auge	Graphem
C13	眼	GAN	Auge	Auge, fest
C13	冒	oka(su) BŌ	*riskieren, befallen*	Sonne, Auge

C13	帽	BŌ	Hut	Tuch, riskieren
C13	省	kaeri(miru), habu(ku) SEI, SHŌ	zurückdenken, weglassen Ministerium	ein wenig, Auge
C14	相	ai SŌ, SHŌ	gegenseitig Minister	Graphem
C14	霜	shimo SŌ	Frost	Regen, gegenseitig
C14	想	SŌ	Idee	gegenseitig, Herz
C14	箱	hako	Kiste	Bambus, gegenseitig
C15	且	ka(tsu)	zusätzlich	Graphem
C15	租	SO	Steuerabgabe	Reispflanze, zusätzlich
C15	祖	SO	Vorfahre	Altar, zusätzlich
C15	粗	ara(i) SO	grob, rauh	Reiskorn, zusätzlich

C15	組	ku(mu) SO	zusammenbinden Gruppe	Faden, zusätzlich
C15	阻	haba(mu) SO	(ver)hindern	Festung, zusätzlich
C15	助	tasu(karu/keru) JO	gerettet werden (I), helfen (T)	zusätzlich, Kraft
C15	宜	GI	zweckmäßig angemessen	Haus, zusätzlich
C15	査	SA	untersuchen	Holz, zusätzlich
C16	自	mizuka(ra) JI, SHI	selbst GRAPHEM (Nase)	Graphem
C16	息	iki SOKU	*Atem* Sohn	Nase, Herz
C16	臭	kusa(i) SHŪ	stinkend	Nase, groß
C17	首	kubi SHU	Hals Kopf	Graphem
C17	道	michi DŌ	*Weg*	Hals, Reisender

C18	見	mi(ru), mi(seru) KEN	sehen, zeigen	Graphem
C18	現	arawa(reru/su) GEN	erscheinen gegenwärtig	König, sehen
C18	視	SHI	Blickfeld	Altar, sehen
C19	貝	kai	Muschel GRAPHEM (Geld)	Graphem
C19	敗	yabu(reru) HAI	besiegt werden	Geld, Lehrer
C19	買	ka(u) BAI	kaufen	Netz, Geld
C19	貫	tsuranu(ku) KAN	durchstechen *durchdringen*	Mutter, Geld
C19	慣	na(reru/rasu) KAN	gewöhnen gewöhnen lassen	Gefühl, durchdringen
C19	負	ma(keru/kasu) FU	unterliegen (I), besiegen (T)	verschnürt, Geld
C19	賀	GA	Gratulation	hinzufügen, Geld

C19	質	SHITSU SHICHI	Qualität Pfand	Axt, Axt, Geld
C19	貴	tatto(i) KI	*edel* Sie, Ihr	Mittelweg, Geld
C19	遺	I YUI	vererben, hinterlassen	edel, Reisender
C19	賓	HIN	Gast	Haus, ein wenig, Geld
C19	鎖	kusari SA	Kette	Metall, klein, Geld
C19	貞	TEI	*aufrichtig*	Wünschelrute, Geld
C19	偵	TEI	Detektiv, Nachforschung	Mensch, aufrichtig
C19	員	IN	Mitglied *Mitarbeiter*	Mund, Geld
C19	損	soko(nau/neru) SON	Schaden zufügen Verlust	Hand, Mitarbeiter
C20	則	SOKU	Regel	Graphem

C20	側	kawa SOKU	Seite	Mensch, Regel
C20	測	haka(ru) SOKU	messen	Wasser, Regel
D1	田	ta DEN	Reisfeld	Graphem
D1	畑	hata hatake	Acker	Feuer, Reisfeld
D1	細	hoso(i), koma(kai) SAI	dünn, schmal	Faden, Reisfeld
D1	思	omo(u) SHI	denken	Reisfeld, Herz
D1	男	otoko DAN, NAN	*Mann*	Reisfeld, Kraft
D1	勇	isa(mu) YŪ	mutig sein tapfer	typisch, Mann
D1	胃	I	*Magen*	Reisfeld, Körperteil
D1	雷	kaminari RAI	Gewitter	Regen, Reisfeld

D2	苗	nae BYŌ	Setzling	Graphem
D2	描	ega(ku) BYŌ	skizzieren, malen	Hand, Setzling
D2	猫	neko BYŌ	Katze	Wachhund, Setzling
D3	富	to(mu) FU	reich sein Reichtum	Haus, Wohlstand
D3	福	FUKU	Glück	Altar, Wohlstand
D3	副	FUKU	Assistent Vize-	Wohlstand, Schwert
D3	幅	haba FUKU	Breite	Tuch, Wohlstand
D4	魚	sakana GYO	Fisch	Graphem
D4	漁	GYO RYŌ	Fischfang	Wasser, Fisch
D5	増	ma(su), fu(eru/yasu) ZŌ	vermehren zunehmen (I, T)	Erde, zunehmen

D5	憎	niku(mu), niku(i) ZŌ	hassen widerwärtig	Gefühl, zunehmen
D5	贈	oku(ru) ZŌ	schenken	Geld, zunehmen
D5	僧	SŌ	Mönch	Mensch, zunehmen
D6	由	yoshi YU, YŪ	Grund, Ursache	Graphem
D6	油	abura YU	Öl	Flüssigkeit, Grund
D6	抽	CHŪ	herausziehen	Hand, Grund
D6	宙	CHŪ	Weltraum	Haus, Grund
D6	軸	JIKU	Achse	Wagen, Grund
D6	笛	fue TEKI	Pfeife, Flöte	Bambus, Grund
D6	画	GA KAKU	Bild Strich	eins, Grund, Schüssel

D6	演	EN	Aufführung Vorstellung	Wasser, Haus, eins, Grund, Tierbeine
D7	恵	megu(mu) KEI, E	segnen *Gabe*	Almosen, Herz
D7	穂	ho SUI	Ähre	Reispflanze, Gabe
D8	曲	ma(garu/geru) KYOKU	beugen (I), biegen (T) Krümmung, Melodie	Graphem
D8	豊	yuta(ka) HŌ	reichlich, üppig	beugen, Bohne
D8	典	TEN	Gesetzbuch Urtext	beugen, Tierbeine
D9	曹	SŌ	Kamerad	Graphem
D9	遭	a(u) SŌ	auf jemanden/etwas stoßen	Kamerad, Reisender
D9	槽	SŌ	Wasserbehälter, Tank	Holz, Kamerad
D10	甲	KŌ KAN	erstrangig, Schildkrötenpanzer	Graphem

D10	押	o(su) Ō	drücken festhalten	Hand, herausstehen
D10	岬	misaki	Kap	Berg, herausstehen
D11	申	mō(su) SHIN	Höflichkeitsform für "sagen" Bericht	Graphem
D11	伸	no(biru/basu) SHIN	länger werden (I), ausdehnen (T)	Mensch, Bericht
D11	神	kami SHIN, JIN	Gott	Altar, Bericht
D11	紳	SHIN	Gentlemen	Faden, Bericht
D12	里	sato RI	Heimat(dorf)	Graphem
D12	理	RI	Logik Vernunft	König, Heimatdorf
D12	厘	RIN	sehr klein	Abhang, Heimatdorf
D12	埋	u(maru/meru) MAI	begraben (T)	Erde, Heimatdorf

D12	黒	kuro, kuro(i) KOKU	*schwarz*	Heimatdorf, Ofenfeuer
D12	墨	sumi BOKU	Tinte Tusche	schwarz, Erde
D12	量	haka(ru) RYŌ	wiegen, messen *Menge*	Sonnenaufgang, Heimatdorf
D12	糧	kate RYŌ	Nahrung	Reiskorn, Menge
D13	単	TAN	Einzahl einfach	Graphem
D13	弾	hazu(mu), hi(ku) tama, DAN	elastisch zurückspringen Instrument spielen, Geschoß	Bogen, einfach
D13	禅	ZEN	Zen-Buddhismus	Altar, einfach
D14	果	ha(teru/tasu) KA	vollenden (T) Ergebnis, Frucht	Graphem
D14	菓	KA	Süßigkeiten	Blume, Frucht
D14	課	KA	Lektion Abteilung	Worte, Frucht

D14	裸	hadaka RA	nackt	Mantel, Frucht
D14	巣	su SŌ	Nest	ansammeln, Frucht
E1	丁	CHŌ TEI	Häuserblock (ca. 109m)	Graphem
E1	町	machi CHŌ	Stadtviertel	Reisfeld, Häuserblock
E1	庁	CHŌ	Behörde	Gebäude, Häuserblock
E1	頂	itada(ku), itadaki CHŌ	von Höhergestellten bekommen, Spitze	Häuserblock, Kopf
E1	貯	CHO	Ersparnisse	Geld, Haus, Häuserblock
E1	打	u(tsu) DA	schlagen	Hand, Häuserblock
E1	灯	hi TŌ	Lampe	Feuer, Häuserblock
E1	訂	TEI	Korrektur	Worte, Häuserblock

E1	寧	NEI	behutsam	Haus, Herz, Netz, Häuserblock
E2	了	RYŌ	Schluß	Graphem
E2	予	YO	vorher im *Voraus*	typisch, Schluß
E2	預	azu(karu/keru) YO	aufbewahren (I), anvertrauen (T)	im Voraus, Kopf
E2	序	JO	Vorwort	Gebäude, im Voraus
E2	野	no YA	Feld	Heimatdorf, im Voraus
E3	矛	hoko MU	Speer	Graphem
E3	務	tsuto(meru) MU	*arbeiten* die Pflicht erfüllen	Speer, Lehrer, Kraft
E3	霧	kiri MU	Nebel	Regen, arbeiten
E3	柔	yawa(raka) JŪ, NYŪ	sanft, weich	Speer, Holz

E4	可	KA	Möglichkeit Zustimmung	Graphem
E4	河	kawa KA	Fluß	Wasser, Möglichkeit
E4	何	nani KA	*was?*, welcher? wieviel?	Mensch, Möglichkeit
E4	荷	ni KA	Gepäck	Blume, was?
E5	奇	KI	seltsam	Graphem
E5	寄	yo(ru/seru) KI	sich nähern, vorbeischauen, näher bringen (T)	Haus, seltsam
E5	騎	KI	Reiten	Pferd, seltsam
E5	崎	saki	Kap	Berg, seltsam
E6	芽	me GA	Keim, Knospe	Blume, Stoßzahn
E6	雅	GA	Eleganz	Stoßzahn, Huhn

E6	邪	JA	böse	Stoßzahn, Stadtmauer
E7	示	shime(su) JI, SHI	zeigen	Graphem
E7	宗	SŌ SHŪ	*Religion*	Haus, zeigen
E7	崇	SŪ	anbeten, verehren	Berg, Religion
E8	芋	imo	Kartoffel	Blume, Großraum
E8	宇	U	Himmel Weltraum	Haus, Großraum
E8	呼	yo(bu) KO	(zu sich) rufen	Mund, Großraum, (zwei) Tropfen
E9	才	SAI	Talent Genie	Graphem
E9	材	ZAI	Stoff	Holz, Genie
E9	財	ZAI	Finanz(vermögen)	Geld, Genie

E9	閉	to(jiru/zasu) shi(maru/meru), HEI	schließen (T)	Tor, Genie
E10	寸	SUN	drei Zentimeter in der Nähe	Graphem
E10	村	mura SON	Dorf	Baum, in der Nähe
E10	討	u(tsu) TŌ	angreifen diskutieren	Worte, in der Nähe
E10	団	DAN	Gruppe	eingeschlossen, in der Nähe
E10	守	mamo(ru) SHU	*bewachen* beschützen	Haus, in der Nähe
E10	狩	ka(ru), ka(ri) SHU	jagen, Jagd	Wachhund, bewachen
E10	闘	tataka(u) TŌ	kämpfen	Tor, Bohne, in der Nähe
E10	爵	SHAKU	Adelsrang	streichelnde Hand, Netz, fest, in der Nähe
E10	将	SHŌ	Anführer, *General*	Seite, streichelnde Hand, in der Nähe

E10	奨	SHŌ	fördern unterstützen	General, groß
E10	導	michibi(ku) DŌ	leiten führen	Weg, in der Nähe
E10	奪	uba(u) DATSU	rauben	groß, Huhn, in der Nähe
E11	付	tsu(ku/keru) FU	haften (I), befestigen (T)	Graphem
E11	附	FU	Anhängsel Begleitung	Festung, haften
E11	符	FU	Talismann Zeichen	Bambus, haften
E11	府	FU	*Regierungssitz*	Gebäude, haften
E12	寺	tera JI	Tempel	Graphem
E12	時	toki JI	Zeit Stunde	Tag, Tempel
E12	侍	samurai JI	Samurai	Mensch, Tempel

E12	持	mo(tsu) JI	haben, tragen	Hand, Tempel
E12	詩	SHI	Gedicht	Worte, Tempel
E12	等	hito(shii) TŌ	gleich Klasse	Bambus, Tempel
E13	専	moppa(ra) SEN	hauptsächlich Spezial-	Graphem
E13	博	HAKU	Spezialist umfassend	zehn, Spezial, Punkt
E13	薄	usu(i) HAKU	dünn	Blume, Wasser, Spezial, Punkt
E13	縛	shiba(ru) BAKU	(an)binden	Faden, Spezial, Punkt
E13	簿	BO	Register, Notizbuch	Bambus, Wasser, Spezial, Punkt
F1	十	tō JŪ	zehn	Graphem
F1	汁	shiru JŪ	Suppe Flüssigkeit	Flüssigkeit, zehn

F1	計	haka(ru), haka(rau) KEI	messen sorgen für	Worte, zehn
F1	針	hari SHIN	Nadel	Metall, zehn
F1	協	KYŌ	Zusammenarbeit	zehn, (drei) Kraft
F1	聴	ki(ku) CHŌ	zuhören	Ohr, zehn, Netz, Herz
F2	斗	TO	18-Liter-Eimer	Graphem
F2	料	RYŌ	Stoff Gebühr	Reiskorn, Eimer
F2	科	KA	Fachabteilung	Reispflanze, Eimer
F2	叫	sake(bu) KYŌ	schreien rufen	Mund, Eimer
F2	糾	KYŪ	verwickeln	Faden, Eimer
F2	卑	iya(shimu) iya(shii), HI	verachten *vulgär*	Tropfen, Reisfeld, Eimer

F2	碑	HI	Grabstein	Stein, vulgär
F3	古	furu(i) KO	alt	Graphem
F3	枯	ka(reru/rasu) KO	verwelken (I), trocknen lassen (T)	Baum, alt
F3	故	yue KO	deswegen verstorben, vergangen	alt, Lehrer
F3	湖	mizuumi KO	See	Wasser, alt, Monat
F3	苦	kuru(shimu/shimeru) niga(i), KU	quälen (I), leiden (T) bitter	Blume, alt
F3	克	KOKU	Überwindung	alt, Beine
F4	固	kata(i) KO	hart	Graphem
F4	個	KO	individuell, Zählsuffix für einzelne Gegenstände	Mensch, hart
F4	箇	KA	Sache, Gegenstand, Zähl- suffix für abstrakte Dinge	Bambus, hart

F5	早	haya(i) SŌ	früh, schnell	Graphem
F5	草	kusa SŌ	(Un)kraut Gras	Blume, früh
F5	卓	TAKU	*hervorragen* Tisch	Wünschelrute, früh
F5	悼	ita(mu) TŌ	betrauern	Gefühl, hervorragen
F6	朝	asa CHŌ	*Morgen*	Nebel, Mond
F6	潮	shio CHŌ	Gezeiten Meeresströmungen	Wasser, Morgen
F7	干	ho(su) KAN	trocknen	Graphem
F7	刊	KAN	Veröffentlichung Zeitung	trocknen, Schwert
F7	汗	ase KAN	Schweiß	Wasser, trocknen
F7	肝	kimo KAN	Leber	Körperteil, trocknen

F7	軒	noki KEN	Gebäude Zählsuffix für Gebäude	Wagen, trocknen
F7	岸	kishi GAN	Ufer	Berg, Abhang, trocknen
F7	幸	saiwa(i), shiawa(se) sachi, KŌ	Glück	Erde, (zwei) Tropfen, trocknen
F8	謡	uta(u) YŌ	singen	Worte, trommeln
F8	揺	yu(reru) YŌ	zittern	Hand, trommeln
F9	平	hira, tai(ra) HEI, BYŌ	flach gewöhnlich	Graphem
F9	評	HYŌ	Kommentar	Worte, flach
F9	坪	tsubo	Flächenmaß (3,3 qm)	Erde, flach
F10	羊	hitsuji YŌ	Schaf	Graphem
F10	洋	YŌ	Ozean westlich	Wasser, Schafe

F10	詳	kuwa(shii) SHŌ	ausführlich	Worte, Schafe
F10	祥	SHŌ	gutes Omen	Altar, Schafe
F10	鮮	aza(yaka) SEN	frisch	Fisch, Schafe
F10	達	TATSU	erreichen	Reisender, Erde, Schafe
F10	拝	oga(mu) HAI	anbeten, verehren	Hand, Schafe, eins
F11	半	naka(ba) HAN	Hälfte	Graphem
F11	伴	tomona(u) HAN, BAN	begleiten	Mensch, Hälfte
F11	畔	HAN	Bewässerungsdämme in den Reisfeldern	Reisfeld, Hälfte
F11	判	HAN BAN	Urteil fällen	Hälfte, Schwert
F12	年	toshi NEN	Jahr	menschlich, Schranke

F13	偉	era(i) I	bedeutend, hervorragend	Mensch, Dieb
F13	緯	I	Breitengrad	Faden, Dieb
F13	違	chiga(u) I	verschieden	Dieb, Reisender
G1	千	chi SEN	tausend	Graphem
G2	舌	shita ZETSU	Zunge	Graphem
G2	活	KATSU	Leben lebhaft	Flüssigkeit, Zunge
G2	括	KATSU	zusammenbinden	Hand, Zunge
G2	話	hana(su) WA	sprechen	Worte, Zunge
G2	憩	iko(u) KEI	Pause machen	Zunge, Atem
G3	重	kasa(naru/neru) omo(i), JŪ, CHŌ	aufeinanderliegen (-legen) schwer, x-fach	Graphem

G3	動	ugo(ku/kasu) DŌ	*bewegen* (I, T)	schwer, Kraft
G3	働	hatara(ku) DŌ	arbeiten	Mensch, bewegen
G3	勲	KUN	Verdienst(orden)	bewegen, Ofenfeuer
G3	薫	kao(ru) KUN	duften	Blume, schwer, Ofenfeuer
G3	種	tane SHU	Samen Art	Reispflanze, schwer
G3	挿	sa(su) SŌ	einfügen	Hand, tausend, herausstehen
G4	香	kao(ru), kao(ri) ka, KŌ	duften	Reispflanze, Sonne
G4	季	KI	Jahreszeit	Reispflanze, Kind
G4	委	I	anvertrauen	Reispflanze, Frau
G4	菌	KIN	Bakterie	Blume, eingeschlossen, Reispflanze

G4	利	ki(ku) RI	wirken Ertrag, *Profit*	Reispflanze, Schwert
G4	痢	RI	Durchfall	Krankheit, Profit
G5	番	BAN	Nummer Wache	Nummer, Reisfeld
G5	藩	HAN	feudales Herrschafts- gebiet	Blume, Wasser, Nummer, Reisfeld
G5	翻	hirugae(ru/su) HON	flatterhaft sein	Nummer, Reisfeld, Feder
G5	審	SHIN	Verhör	Haus, Nummer, Reisfeld
G6	任	maka(su) NIN	überlassen *Pflicht*	Mensch, Lastenträger
G6	妊	NIN	Schwangerschaft	Frau, Lastenträger
G6	賃	CHIN	Gebühr Gehalt	Pflicht, Geld
G7	廷	TEI	Behörde Gerichthof	Graphem

G7	庭	niwa TEI	Garten	Gebäude, Regierungsbezirk
G8	手	te SHU	Hand	Graphem
G8	看	KAN	(nach jemandem) sehen	Hand, Auge
G9	乗	no(ru/seru) JŌ	einsteigen (I), fahren (T)	Graphem
G9	剰	JŌ	Überschuß	fahren, Schwert
G10	垂	ta(reru/rasu) SUI	herunterhängen (I), heruntertropfen (T)	Graphem
G10	睡	SUI	Schlaf	Auge, herunterhängen
G10	錘	SUI	Senkblei	Metall, herunterhängen
G10	郵	YŪ	Post	herunterhängen, Stadtmauer
G11	待	ma(tsu) TAI	warten Erwartung	Schritt, Tempel

G11	得	u(ru), e(ru) TOKU	gewinnen Erwerb	Schritt, Sonnenaufgang, in der Nähe
G11	徳	TOKU	Tugend	Schritt, zehn, Netz, Herz
G12	行	yu(ku), okona(u) KŌ, GYŌ	gehen, tun	Graphem
G12	衝	SHŌ	Zusammenstoß	schwer, gehen
G12	衡	KŌ	Gleichgewicht	gehen, verschnürt, Reisfeld, groß
G12	衛	EI	beschützen	Dieb, gehen
G13	升	masu SHŌ	1,8-l-Flasche	Graphem
G13	昇	nobo(ru) SHŌ	aufsteigen	Sonne, Flasche
G14	准	JUN	quasi-, semi-	Eis, Huhn
G14	準	JUN	Niveau	Wasser, Huhn, zehn

G14	催	moyō(su) SAI	veranstalten	Einsiedler, Huhn
G14	唯	YUI	einzig nur	Mund, Huhn
G14	推	o(su) SUI	folgern, vorschlagen	Hand, Huhn
G14	稚	CHI	Kind	Reispflanze, Huhn
G14	焦	ko(geru/gasu), ase(ru) ko(gareru), SHŌ	*anbrennen* (T), beeilen sich sehnen	Huhn, Ofenfeuer
G14	礁	SHŌ	Riff	Stein, anbrennen
G14	進	susu(mu/meru) SHIN	vorwärts gehen (I), befördern (T), Fortschritt	Huhn, Reisender
G14	集	atsu(maru/meru) tsudo(u), SHŪ	sich versammeln (I) sammeln (T)	Huhn, Baum
G14	誰	dare	wer?	Worte, Huhn
G14	確	tashi(kameru) tashi(ka), KAKU	sich vergewissern sicher	Stein, Decke, Huhn

H1	牛	ushi GYŪ	Kuh	Graphem
H1	件	KEN	Fall, Angelegenheit	Mensch, Kuh
H1	牧	maki BOKU	Weide	Kuh, Lehrer
H1	特	TOKU	Sonder- besonders	Kuh, Tempel
H1	制	SEI	*System*	Kuh, Tuch, Schwert
H2	告	tsu(geru) KOKU	melden	Graphem
H2	酷	KOKU	grausam, hart	Wein, melden
H2	造	tsuku(ru) ZŌ	produzieren	melden, Reisender
H3	先	saki SEN	vorher, Zukunft Bestimmungsort	Kuh, Beine
H3	洗	ara(u) SEN	waschen	Wasser, vorher

H3	銑	SEN	Roheisen	Metall, vorher
H4	生	i(kiru/kasu), SEI u(mareru/mu), SHŌ	leben (I), -lassen (T), gebären (T), wachsen	Graphem
H4	性	SEI SHŌ	Geschlecht Art, Charakter	Gefühl, Leben
H4	姓	SEI SHŌ	Familienname	Frau, Leben
H4	星	hoshi SEI, SHŌ	Stern	Sonne, Leben
H4	牲	SEI	Opfer	Leben, Kuh
H5	朱	SHU	zinnoberrot	Graphem
H5	珠	SHU	Perle	König, zinnoberrot
H5	株	kabu	Aktie	Baum, zinnoberrot
H6	失	ushina(u) SHITSU	verlieren	Graphem

H6	秩	CHITSU	Ordnung	Reispflanze, verlieren
H6	鉄	TETSU	Eisen	Metall, verlieren
H6	迭	TETSU	Abwechslung	verlieren, Reisender
H7	矢	ya SHI	Pfeil	Graphem
H7	疾	SHITSU	Krankheit Schnelligkeit	Krankheit, Pfeil
H7	短	mijika(i) TAN	kurz	Pfeil, Bohne
H7	侯	KŌ	*Fürst*	Mensch, ..., Pfeil
H7	候	KŌ	Klima Kandidat	halbieren, Fürst
H7	知	shi(ru) CHI	*wissen* kennen	Pfeil, Mund
H7	痴	CHI	Schwachsinn	Krankheit, wissen

H8	午	GO	Mittag	Graphem
H8	許	yuru(su) KYO	erlauben	Worte, Mittag
H8	缶	KAN	Gefäß *Konservendose*	Mittag, Schüssel
H9	勧	susu(meru) KAN	ermutigen	Adler, Kraft
H9	観	KAN	Sicht	Adler, sehen
H9	権	KEN GON	Recht Autorität	Baum, Adler
H10	作	tsuku(ru) SAKU, SA	anfertigen	Mensch, machen
H10	昨	SAKU	gestern	Tag, machen
H10	酢	su SAKU	Essig	Wein, machen
H10	詐	SA	Lüge	Worte, machen

H11	竹	take CHIKU	Bambus	Graphem
I1	士	SHI	Fachmann, Gelehrter	Graphem
I1	仕	tsuka(eru) SHI	dienen	Mensch, Fachmann
I1	志	kokoroza(su) SHI	erzielen *Absicht*	Fachmann, Herz
I1	誌	SHI	Aufschrieb Zeitschrift	Worte, Absicht
I1	壮	SŌ	*kraftvoll*	Seite, Fachmann
I1	荘	SŌ	feierlich Landhaus	Blume, kraftvoll
I2	吉	KICHI KITSU	Glück	Graphem
I2	詰	tsu(maru/meru) KITSU	verstopft sein (I), in die Enge treiben (T)	Worte, Glück
I2	結	musu(bu), yu(u) KETSU	binden, vereinbaren frisieren	Faden, Glück

I2	喜	yoroko(bu) KI	sich (er)freuen	Glück, Hörner, Mund
I2	樹	JU	Baum	Baum, Glück, Hörner, in der Nähe
I2	膨	fuku(ramu) BŌ	anschwellen	Körperteil, Glück, Hörner, Form
I3	土	tsuchi DO, TO	Erde, Boden	Graphem
I3	吐	ha(ku) TO	spucken	Mund, Erde
I3	社	yashiro SHA	Shinto-Schrein Gesellschaft	Altar, Erde
I3	圧	ATSU	Druck	Abhang, Erde
I3	粧	SHŌ	Schminke	Reiskorn, Gebäude, Erde
I3	塁	RUI	Festung	Reisfeld, sehr viel, Erde
I3	陸	RIKU	Festland	Festung, Erde, Beine, Erde

I4	赤	aka(ramu), aka, aka(i) SEKI, SHAKU	erröten (I), rot	Graphem
I4	赦	SHA	Vergebung	rot, Lehrer
I4	嚇	KAKU	Einschüchterung	Mund, (zwei) rot
I5	佳	KA	exzellent	Mensch, Erdhügel
I5	涯	GAI	Damm durchgehend	Wasser, Abhang, Erdhügel
I5	街	machi GAI	Geschäftsviertel Straße	Erdhügel, gehen
I5	掛	ka(karu/keru)	kosten (I), darüberlegen, aufhängen (T)	Hand, Erdhügel, Wünschelrute
I5	封	FŪ HŌ	versiegelt	Erdhügel, in der Nähe
I6	孝	KŌ	Kindespflicht	Graphem
I6	酵	KŌ	Gärung	Wein, Kindespflicht

16	教	oso(waru)/oshi(eru) KYŌ	belehrt werden (I), (be)lehren (T)	Kindespflicht, Lehrer
17	者	mono SHA	(arbeitende) Person	Graphem
17	煮	ni(eru/ru) SHA	gekocht werden (I), kochen (T)	arbeitende Person, Ofenfeuer
17	都	miyako TO, TSU	Hauptstadt	arbeitende Person, Stadtmauer
17	諸	SHO	einige verschiedene	Worte, arbeitende Person
17	緒	SHO CHO	Beginn	fortlaufend, arbeitende Person
17	署	SHO	Amt	Netz, arbeitende Person
17	暑	atsu(i) SHO	heiß Hitze	Sonne, arbeitende Person
17	著	arawa(su) ichijiru(shii), CHO	veröffentlichen bedeutend	Blume, arbeitende Person
18	工	KŌ KU	Handwerk	Graphem

I8	紅	kurenai, beni KŌ	dunkelrot	Faden, Handwerk
I8	功	KŌ	Verdienst Erfolg	Handwerk, Kraft
I8	貢	mitsu(gu) KŌ	finanziellen Beitrag leisten	Handwerk, Geld
I8	江	e KŌ	Bai	Wasser, Handwerk
I8	項	KŌ	Sachpunkt	Handwerk, Kopf
I8	攻	se(meru) KŌ	angreifen	Handwerk, Lehrer
I9	五	itsu(tsu) GO	fünf	Graphem
I9	悟	sato(ru) GO	verstehen	Gefühl, fünf, Mund
I9	語	kata(ru) GO	sprechen, erzählen	Worte, fünf, Mund
I10	並	nara(bu/beru) nami, HEI	in einer Reihe stehen (I), aufreihen (T), normal	Graphem

I10	普	FU	*allgemein*	aufreihen, Tag
I10	譜	FU	Noten Stammbaum	Worte, allgemein
I10	霊	tama REI, RYŌ	Seele Geist der Verstorbenen	Regen, zwei, (aufreihen)
I10	湿	shime(ru/su) SHITSU	feucht/naß werden (I), naßmachen (T)	Wasser, Sonne, (aufreihen)
I10	顕	KEN	offensichtlich	Sonne, (aufreihen), Kopf
I11	亜	A	Asien untergeordnet	Graphem
I11	悪	waru(i) AKU, O	schlecht	Asien, Herz
I12	西	nishi SEI, SAI	Westen (siehe auch N7)	Graphem
I12	価	atai KA	Preis	Mensch, Westen
I12	煙	kemu(ri) EN	Rauch	Feuer, Westen, Erde

I12	要	i(ru) YŌ	*brauchen* Notwendigkeit	Westen, Frau
I12	腰	koshi YŌ	Lende, Hüfte	Körperteil, brauchen
I12	票	HYŌ	(Stimm-) *Zettel*	Westen, zeigen
I12	漂	tadayo(u) HYŌ	dahintreiben	Wasser, Zettel
I12	標	HYŌ	Wegweiser	Holz, Zettel
I13	毒	DOKU	Gift	aufwachsen, Mutter
I13	契	chigi(ru) KEI	*versprechen*	aufwachsen, Messer, groß
I13	喫	KITSU	konsumieren	Mund, versprechen
I13	憲	KEN	Verfassung	Haus, aufwachsen, Netz, Herz
I13	害	GAI	*Schaden*	Haus, aufwachsen, Mund

I13	割	wa(ru/reru) sa(ku), KATSU	trennen (I, T), zerbrechen Verhältnis, 10 Prozent	Schaden, Schwert
I13	轄	KATSU	Bremskeil Verwaltung	Wagen, Schaden
I14	謹	tsutsushi(mu) KIN	hochachten	Worte, Untergebener
I14	勤	tsuto(maru/meru) KIN	für eine Arbeit fähig sein angestellt sein	Untergebener, Kraft
I15	青	ao, ao(i) SEI	blau unreif, jung	Graphem
I15	清	kiyo(i) SEI	rein	Wasser, blau
I15	晴	ha(reru/rasu) SEI	klar werden/machen blauer Himmel	Sonne, blau
I15	請	ko(u), u(keru) SEI	bitten, erhalten	Worte, blau
I15	精	SEI SHŌ	Vitalität, Geist	Reiskorn, blau
I15	情	nasa(ke) JŌ, SEI	Mitgefühl	Gefühl, blau

I16	責	se(meru) SEKI	zur Rechenschaft ziehen Verantwortung	Graphem
I16	積	tsu(moru/mu) SEKI	anhäufen (I, T)	Reispflanze, Verantwortung
I16	績	SEKI	spinnen Leistung	Faden, Verantwortung
I16	漬	tsu(karu/keru)	eintauchen (I), eingelegt sein (T)	Wasser, Verantwortung
I16	債	SAI	Schulden	Mensch, Verantwortung
I17	王	Ō	König	Graphem
I17	皇	KŌ Ō	Kaiser	weiß, König
I17	呈	TEI	*Geschenk*	Mund, König
I17	程	hodo TEI	Grad, Ausmaß	Reispflanze, Geschenk
I17	狂	kuru(u) KYŌ	verrückt werden	Wachhund, König

I17	聖	SEI	heilig	Ohr, Mund, König
I17	徵	CHŌ	*Aufforderung* Anzeichen	Schritt, Berg, König, Lehrer
I17	懲	ko(riru/rashimeru) CHŌ	aus Erfahrung lernen (I)	Aufforderung, Herz
I17	玉	tama GYOKU	*Edelstein*	König, Punkt
I17	宝	takara HŌ	Schatz	Haus, Edelstein
I17	国	kuni KOKU	Land	eingeschlossen, Edelstein
I18	主	nushi, omo SHU	Hauptperson Haupt-	Graphem
I18	注	soso(gu) CHŪ	gießen aufmerksam	Wasser, Hauptperson
I18	柱	hashira CHŪ	Pfeiler	Holz, Hauptperson
I18	駐	CHŪ	gegenwärtiger Aufenthaltsort	Pferd, Hauptperson

I18	住	su(mu) JŪ	wohnen	Mensch, Hauptperson
I18	往	Ō	Hin- und Rückweg	Schritt, Hauptperson
I19	差	sa(su) SA	eingießen Unterschied	Schafwolle, Tropfen, Handwerk
I19	着	ki(ru/seru) tsu(ku/keru), CHAKU	(sich) anziehen ankommen	Schafwolle, Tropfen, Auge
I19	養	yashina(u) YŌ	aufziehen	Schafwolle, (zwei) Tropfen, gut
I19	美	utsuku(shii) BI	schön	Schafwolle, groß
I19	善	yo(i) ZEN	gut, *günstig*	Schafwolle, (zwei) Tropfen, Mund
I19	繕	tsukuro(u) ZEN	flicken	Faden, günstig
J1	木	ki BOKU, MOKU	Baum	Graphem
J1	朴	BOKU	schlicht	Holz, Wünschelrute

J1	森	mori SHIN	Wald	(drei) Baum
J1	休	yasu(mu/meru) KYŪ	ausruhen (I), ruhen lassen (T)	Mensch, Baum
J1	床	toko, yuka SHŌ	Bett, Fußboden	Gebäude, Holz
J1	枚	MAI	Zählsuffix für dünne, flache Gegenstände	Holz, Lehrer
J1	杉	sugi	Zeder	Baum, Form
J1	保	tamo(tsu) HO	*bewahren*, halten	Mensch, Mund, Baum
J1	困	koma(ru) KON	in Verlegenheit sein	eingeschlossen, Baum
J1	閑	KAN	Muße	Tor, Baum
J2	菜	na SAI	Gemüse	Blume, pflücken
J2	採	to(ru) SAI	pflücken, sammeln	Hand, pflücken

J2	彩	irodo(ru) SAI	färben	pflücken, Form
J3	操	ayatsu(ru) SŌ	manipulieren	Hand, Vogelnest
J3	燥	SŌ	trocken	Feuer, Vogelnest
J3	藻	mo SŌ	Algen	Blume, Wasser, Vogelnest
J3	繰	ku(ru)	spinnen wiederholen	Faden, Vogelnest
J4	林	hayashi RIN	Forst Wäldchen	Graphem
J4	禁	KIN	*Verbot*	Forst, zeigen
J4	襟	eri KIN	Kragen	Mantel, Verbot
J4	暦	koyomi REKI	Kalender	Abhang, Forst, Sonne
J5	麻	asa MA	Hanf Droge	Graphem

J5	磨	miga(ku) MA	polieren	Hanf, Stein
J5	摩	MA	reiben, kratzen	Hanf, Hand
J6	本	moto HON	Hauptteil, Ursprung Buch, Zählsuffix f. rohrförmig	Graphem
J6	体	karada TAI	Körper	Mensch, Hauptteil
J6	鉢	HACHI	Schüssel	Metall, Hauptteil
J7	未	MI	noch nicht	Graphem
J7	味	aji(wau), aji MI	Geschmack genießen Geschmack	Mund, noch nicht
J7	妹	imōto MAI	jüngere Schwester	Frau, noch nicht
J7	業	waza GYŌ, GŌ	Handlung Geschäft	aufreihen, Hörner, noch nicht
J8	末	sue MATSU, BATSU	Ende	Graphem

J8	抹	MATSU	auslöschen pulverisieren	Hand, Ende
J9	述	no(beru) JUTSU	erwähnen	Harz, Reisender
J9	術	JUTSU	Technik	Harz, gehen
J10	米	kome BEI, MAI	Reis, Reiskorn Amerika	Graphem
J10	来	ku(ru), kita(ru) RAI	kommen, führen zu	eins, Reiskorn
J10	迷	mayo(u) MEI	sich verirren	Reiskorn, Reisender
J10	楼	RŌ	Turm	Baum, Reiskorn, Frau
J10	類	RUI	Art, Sorte	Reiskorn, groß, Kopf
J10	数	kazo(eru), kazu SŪ	zählen, Zahl	Reiskorn, Frau, Lehrer
J11	束	taba SOKU	Bündel	Graphem

J11	速	haya(i), sumi(yaka) SOKU	schnell sofortig	Bündel, Reisender
J11	勅	CHOKU	kaiserlicher Erlaß	Bündel, Kraft
J11	頼	tano(mu), tayo(ru) RAI	anfragen sich verlassen *auf*	Bündel, Kopf
J11	瀬	se	Stromschnellen Untiefe	Wasser, sich verlassen auf
J12	東	higashi TŌ	Osten	Graphem
J12	凍	kō(ru), kogo(eru) TŌ	frieren	Eis, Osten
J12	棟	mune TŌ	*Dachbalken*	Holz, Osten
J12	陳	CHIN	in eine Reihe gestellt	Festung, Osten
J12	練	ne(ru) REN	kneten Übung	Faden, Osten
J12	錬	REN	härten	Metall, Osten

J12	欄	RAN	Spalte	Dachbalken, Tor
K1	奔	HON	rennen	groß, Blumenstrauß
K1	暁	akatsuki GYŌ	Morgendämmerung	Sonne, Blumenstrauß, eins, Beine
K1	焼	ya(keru/ku) SHŌ	braten (T)	Feuer, Blumenstrauß, eins, Beine
K1	噴	fu(ku) FUN	herausschleudern ausstoßen	Mund, Blumenstrauß, Geld
K1	憤	ikidō(ru) FUN	ärgerlich werden zornig werden	Gefühl, Blumenstrauß, Geld
K1	墳	FUN	Grabhügel	Erde, Blumenstrauß, Geld
K2	研	to(gu) KEN	schärfen erforschen	Stein, mit beiden Händen
K2	開	hira(ku) KAI	öffnen (T)	Tor, mit beiden Händen
K2	形	katachi, kata KEI, GYŌ	Form	mit beiden Händen, Form

K2	刑	KEI	*Strafe*	mit beiden Händen, Schwert
K2	型	kata KEI	Modell Typ	Strafe, Erde
K2	併	awa(seru) HEI	zusammenschließen	Mensch, Hörner, mit beiden Händen
K3	寛	KAN	tolerant	Haus, flexibel, sehen
K3	鼻	hana BI	Nase	Nase, Reisfeld, flexibel
K3	算	SAN	rechnen	Bambus, Auge, flexibel
K4	庶	SHO	*viele Sorten*	Gebäude, Leder, Ofenfeuer
K4	遮	saegi(ru) SHA	unterbrechen, hindern	viele Sorten, Reisender
K4	席	SEKI	Sitz	Gebäude, Leder, Tuch
K5	革	kawa KAKU	Leder Reform	Graphem

K5	覇	HA	Vorherschaft	Westen, Reform, Monat
K6	甘	ama(eru/yakasu) ama(i), KAN	verwöhnen (lassen) süß	Graphem
K6	紺	KON	kornblumenblau	Faden, süß
K7	某	BŌ	ein gewisses	Graphem
K7	謀	haka(ru) BŌ	Intrige spinnen	Worte, ein gewisses
K7	媒	BAI	dazwischenliegen	Frau, ein gewisses
K8	棋	KI	Schachspiel	Holz, Spiel
K8	期	KI	Periode	Spiel, Monat
K8	基	moto KI	Grundlage	Spiel, Erde
K8	碁	GO	Go (Brettspiel)	Spiel, Stein

K9	井	i SEI	Brunnen	Graphem
K9	囲	kako(mu) I	einschließen Wirkungskreis	eingeschlossen, Brunnen
K9	耕	tagaya(su) KŌ	etwas anbauen	zwei, Baum, Brunnen
K10	黄	ki KŌ, Ō	*gelb*	Kräuter, Grund, Tierbeine
K10	横	yoko Ō	Seite	Baum, gelb
K10	散	chi(ru/rasu) SAN	sich zerstreuen (I), streuen (T)	Kräuter, Körperteil, Lehrer
K11	昔	mukashi SEKI	früher	Graphem
K11	惜	o(shimu) SEKI	bedauern bedauerlich	Gefühl, früher
K11	籍	SEKI	Zugehörigkeit Familienregister	Bambus, zwei, Baum, früher
K11	錯	SAKU	durcheinander vermischt	Metall, früher

K11	借	ka(riru) SHAKU	sich etwas ausleihen	Mensch, früher
K11	措	SO	Maßnahme	Hand, früher
K12	共	tomo KYŌ	beide, zusammen	Graphem
K12	供	sona(eru) tomo, KYŌ	opfern Begleiter	Mensch, zusammen
K12	恭	uyauya(shii) KYŌ	respektvoll	zusammen, Herz
K12	洪	KŌ	Überschwemmung	Wasser, zusammen
K12	異	koto I	sich *unterscheiden*	Reisfeld, zusammen
K12	翼	tsubasa YOKU	Flügel	Feder, sich unterscheiden
L1	畳	tata(mi) JŌ	Strohmatte, Tatami	Reisfeld, Decke, zusätzlich
L1	帯	o(biru) TAI	erhalten Zone, *Gürtel*	eins, Berg, Decke, Tuch

L1	滞	todokō(ru) TAI	stocken sich verzögern	Flüssigkeit, Gürtel
L1	策	SAKU	Maßnahme	Bambus, Baum, Tuch
L1	刺	sa(saru/su) SHI	gestochen werden (I), stechen (T)	Baum, Tuch, Schwert
L2	栄	saka(eru) EI	gedeihen Ruhm	Schulhaus, Baum
L2	労	RŌ	Mühe Arbeit	Schulhaus, Kraft
L2	覚	sa(meru/masu) obo(eru), KAKU	aufwachen (I), sich merken	Schulhaus, sehen
L2	学	mana(bu) GAKU	studieren lernen	Schulhaus, Kind
L2	営	itona(mu) EI	managen	Schulhaus, Management
L2	蛍	hotaru KEI	Glühwürmchen	Schulhaus, Insekt
L3	常	tsune JŌ	normal fortwährend	Oberschicht, Tuch

L3	党	TŌ	Partei	Oberschicht, Beine
L3	堂	DŌ	Halle, Saal	Oberschicht, Erde
L3	賞	SHŌ	*Auszeichnung*, Preis	Oberschicht, Geld
L3	償	tsuguna(u) SHŌ	entschädigen	Mensch, Auszeichnung
L3	掌	SHŌ	verwalten in der Hand haben	Oberschicht, Hand
L4	売	u(ru) BAI	verkaufen	Graphem
L4	読	yo(mu) DOKU	lesen	Worte, verkaufen
L4	続	tsuzu(ku/keru) ZOKU	fortdauern (I), fortsetzen (T)	fortlaufend, verkaufen
L5	軍	GUN	Armee	Graphem
L5	輝	kagaya(ku) KI	glänzen leuchten	Licht, Armee

L5	揮	KI	Kommando	Hand, Armee
L5	運	hako(bu) UN	transportieren	Armee, Reisender
L6	南	minami NAN	*Süden*	zehn, Hohlraum, Hörner, zehn
L6	奥	oku Ō	Inneres	Punkt, Hohlraum, Reiskorn, groß
L6	向	mu(ku/keru) mu(kō), KŌ	ausgerichtet sein (I), wenden an, die andere Seite	Punkt, Hohlraum, Mund
L6	尚	SHŌ	noch mehr	klein, Hohlraum, Mund
L6	雨	ame, ama U	Regen	eins, halbieren, Hohlraum (vier) Tropfen
L6	両	RYŌ	*beide*	eins, Hohlraum, Berg
L6	満	mi(chiru/tasu) MAN	voll werden (I), füllen (T)	Wasser, Blume, beide
L7	内	uchi NAI	innen	Graphem

L7	納	osa(maru/meru) NŌ	hineingehen (I), in Empfang nehmen (T)	Faden, innen
L7	丙	HEI	*drittklassig*	eins, innen
L7	柄	gara HEI	Charakter Griff, Stiel	Holz, drittklassig
L7	病	ya(mu), yamai BYŌ, HEI	krank sein, Krankheit	Krankheit, drittklassig
L7	肉	NIKU	*Fleisch*	innen, Mensch
L7	腐	kusa(ru/rasu) FU	verfaulen (I), verfaulen lassen (T)	Regierungssitz, Fleisch
L8	同	ona(ji) DŌ	gleich	Graphem
L8	洞	hora DŌ	Höhle	Wasser, gleich
L8	銅	DŌ	Kupfer	Metall, gleich
L8	胴	DŌ	(Körper)rumpf	Körperteil, gleich

L8	筒	tsutsu TŌ	Röhre	Bambus, gleich
L9	周	mawa(ri) SHŪ	Umgebung, Umfang	Graphem
L9	週	SHŪ	Woche	Umgebung, Reisender
L9	調	shira(beru) CHŌ	untersuchen, vorbereiten gleichlautend	Worte, Umgebung
L9	彫	ho(ru) CHŌ	schnitzen	Umgebung, Form
L10	渦	uzu KA	Strudel, Wirbel	Wasser, Gefahr
L10	禍	KA	Unglück	Altar, Gefahr
L10	過	su(giru) KA	überschreiten zuviel sein	Gefahr, Reisender
L10	骨	hone KOTSU	*Knochen*, Skelett	Gefahr, Körperteil
L10	滑	sube(ru) name(raka), KATSU	ausrutschen schlüpfrig	Flüssigkeit, Knochen

L11	鋼	hagane KŌ	Stahl	Metall, Stahl
L11	綱	tsuna KŌ	Tau, Seil	Faden, Stahl
L11	剛	GŌ	hart, fest	Stahl, Schwert
L12	耐	ta(eru) TAI	ertragen	Bart, in der Nähe
L12	需	JU	Nachfrage *Bedarf*	Regen, Bart
L12	儒	JU	Konfuzianismus	Mensch, Bedarf
L13	偶	GŪ	zufällig	Mensch, Skorpion
L13	隅	sumi GŪ	Winkel, Ecke	Festung, Skorpion
L13	遇	GŪ	Treffen	Skorpion, Reisender
L13	愚	oro(ka) GU	dumm	Skorpion, Herz

L14	月	tsuki GETSU, GATSU	Mond, Monat	Graphem
L14	前	mae ZEN	vorher, vorn	Hörner, Körperteil, Schwert
L14	明	aka(rui), aki(raka) MEI, MYŌ	hell, klar, deutlich der/die/das folgende	Sonne, Mond
L14	盟	MEI	Bündnis	hell, Teller
L14	崩	kuzu(reru/su) HŌ	zusammenbrechen (I), niederreißen (T)	Berg, Monat, Mond
L14	棚	tana	Regal	Holz, Monat, Mond
L15	肖	SHŌ	Ähnlichkeit	Graphem
L15	消	ki(eru)/ke(su) SHŌ	auslöschen (T)	Wasser, Ähnlichkeit
L15	硝	SHŌ	Salpetersäure	Stein, Ähnlichkeit
L15	宵	yoi SHŌ	früher Abend	Haus, Ähnlichkeit

L15	削	kezu(ru) SAKU	abhobeln	Ähnlichkeit, Schwert
L16	用	mochi(iru) YŌ	benutzen Geschäft, Angelegenheit	Graphem
L16	備	sona(waru/eru) BI	besitzen (I), ausstatten, vorbereiten (T)	Mensch, Blume, Abhang, benutzen
L16	踊	odo(ru) YŌ	tanzen	Fuß, typisch, benutzen
L16	通	tō(ru/su), kayo(u) TSŪ	passieren (I), durchlassen(T) verkehren	typisch, benutzen, Reisender
L16	痛	ita(mu/meru), ita(i) TSŪ	Schmerzen haben (I), Schmerzen zufügen (T)	Krankheit, typisch, benutzen
L17	浦	ura HO	Meeresarm	Wasser, Angel
L17	捕	tsuka(maru/maeru) to(ru), HO	festgenommen werden (I), fangen (T)	Hand, Angel
L17	補	ogina(u) HO	ergänzen	Mantel, Angel
L18	円	EN	Kreis Yen	Graphem

L18	角	kado, tsuno KAKU	Ecke, Winkel, *Horn* x-Eck	verschnürt, eins, Kreis
L18	触	sawa(ru), fu(reru) SHOKU	berühren	Horn, Insekt
L18	解	to(ku) KAI	(auf)lösen (T)	Horn, Messer, Kuh
L19	冊	SATSU SAKU	Zählsuffix für Bücher Bücherband	Graphem
L20	再	futata(bi) SAI	Wieder-, nochmals	Graphem
L21	溝	mizo KŌ	Rinne, Abflußgraben	Wasser, Struktur
L21	構	kama(eru) KŌ	aufbauen	Holz, Struktur
L21	講	KŌ	Vorlesung	Worte, Struktur
L21	購	KŌ	Einkauf	Geld, Struktur
L22	舟	fune SHŪ	(großes) Schiff	Graphem

L22	舶	HAKU	Schiff	Schiff, weiß
L22	艇	TEI	Boot	Schiff, Regierungsbezirk
L22	丹	TAN	rot	(Schiff) (nur 4 Striche!)
L23	机	tsukue KI	Schreibtisch	Holz, Tisch
L23	飢	u(eru) KI	hungern	Essen, Tisch
L23	肌	hada	Haut	Körperteil, Tisch
L23	冗	JŌ	überflüssig	Decke, Tisch
L23	風	kaze FŪ	*Wind*	Tisch, Tropfen, Insekt
L23	猟	RYŌ	Jagd	Wachhund, ansammeln, Tisch zwei, halbieren
L24	凡	BON HAN	normal, mittelmäßig	Graphem

L24	帆	ho HAN	Segel	Tuch, normal
L24	恐	oso(reru) KYŌ	sich fürchten	Handwerk, normal, Herz
L24	築	kizu(ku) CHIKU	bauen	Bambus, Handwerk, normal, Holz
M1	六	mut(tsu) ROKU	sechs	hoch, Tierbeine
M1	卒	SOTSU	(Schul)Abschluß	hoch, (zwei) Mensch, zehn
M1	壇	DAN	Podium	Erde, hoch, drehen, Sonnenaufgang
M1	坑	KŌ	Bergwerk	Erde, hoch, Tisch
M1	抗	KŌ	Widerstand	Hand, hoch, Tisch
M1	航	KŌ	Seefahrt	Schiff, hoch, Tisch
M2	高	taka(i) KŌ	*hoch*	Pavillon, Hohlraum, Mund

M2	稿	KŌ	Manuskript	Reisplanze, hoch
M2	享	KYŌ	*Genuß*	Pavillon, Kind
M2	郭	KAKU	Bordellviertel	Genuß, Stadtmauer
M2	亭	TEI	*Restaurant*	Pavillon, Decke, Häuserblock
M2	停	TEI	anhalten	Mensch, Restaurant
M3	京	KYŌ KEI	Hauptstadt	Graphem
M3	涼	suzu(mu) suzu(shii), RYŌ	sich erfrischen kühl	Wasser, Hauptstadt
M3	鯨	kujira GEI	Walfisch	Fisch, Hauptstadt
M3	景	KEI	*Aussicht*	Sonne, Hauptstadt
M3	影	kage EI	Schatten	Aussicht, Form

M4	市	ichi SHI	Markt Stadt	Graphem
M4	姉	ane SHI	ältere Schwester	Frau, Markt
M4	肺	HAI	Lunge	Körperteil, Markt
M5	亡	na(i) BŌ	verstorben	Graphem
M5	忙	isoga(shii) BŌ	beschäftigt	Gefühl, verstorben
M5	忘	wasu(reru) BŌ	vergessen	verstorben, Herz
M5	望	nozo(mu) BŌ, MŌ	wünschen	verstorben, Monat, König
M5	妄	MŌ BŌ	Wahn	verstorben, Frau
M5	盲	mekura MŌ	blind	verstorben, Auge
M5	網	ami MŌ	Netz	Faden, Hohlraum, Hörner, verstorben

M5	荒	a(reru/rasu) ara(i), KŌ	verwüsten (T) wild, *rasend*	Blume, verstorben, Fluß
M5	慌	awa(teru) KŌ	sich überstürzen	Gefühl, rasend
M6	方	kata HŌ	Person Richtung	Graphem
M6	芳	kanba(shii) HŌ	duftend	Blume, Richtung
M6	放	hana(tsu), hana(reru/su), HŌ	*loslassen* (T) sich befreien (I)	Richtung, Lehrer
M6	倣	nara(u) HŌ	nachahmen	Mensch, loslassen
M6	訪	tazu(neru), otozu(reru) HŌ	besuchen	Worte, Richtung
M6	坊	BŌ	Junge Priester	Erde, Richtung
M6	防	fuse(gu) BŌ	verteidigen, schützen	Festung, Richtung
M6	肪	BŌ	Fett	Körperteil, Richtung

M6	妨	samata(geru) BŌ	stören	Frau, Richtung
M6	紡	tsumu(gu) BŌ	spinnen	Faden, Richtung
M6	旗	hata KI	Flagge	Richtung, menschlich, Spiel
M6	族	ZOKU	Familie	Richtung, menschlich, Pfeil
M6	遊	aso(bu) YŪ, YU	spielen Spaß machen	Richtung, menschlich, Kind, Reisender
M6	敷	shi(ku) FU	ausbreiten	Almosen, Punkt, Richtung, Lehrer
M6	激	hage(shii) GEKI	heftig	Wasser, weiß, Richtung, Lehrer
M7	文	fumi BUN, MON	Brief Text, Literatur	Graphem
M7	対	TAI TSUI	Gegen-, wider Paar	Text, in der Nähe
M7	紋	MON	Wappen Muster	fortlaufend, Text

M7	蚊	ka	Moskito	Insekt, Text
M8	斉	SEI	gleich parallel	Graphem
M8	剤	ZAI	Mixtur Medizin	parallel, Schwert
M8	済	su(mu/masu) SAI	zu Ende gehen (I), erledigen (T)	Wasser, parallel
M8	斎	SAI	sich innerlich reinigen Zimmer	parallel, klein
M9	交	ma(jiru/zeru) ka(u/wasu), KŌ	mischen, austauschen verkehren	Graphem
M9	効	ki(ku) KŌ	wirksam sein	verkehren, Kraft
M9	郊	KŌ	Vorort	verkehren, Stadtmauer
M9	校	KŌ	Schule	Baum, verkehren
M9	絞	shi(maru/meru) shibo(ru), KŌ	ausgedrückt werden (I), wringen (T), auspressen	Faden, verkehren

M9	較	KAKU	Vergleich	Wagen, verkehren
M10	恋	ko(u), koi(shii) REN	verliebt sein, geliebt	rosa, Herz
M10	蛮	BAN	barbarisch	rosa, Insekt
M10	跡	ato SEKI	Überreste, Spuren	Fuß, rosa
M11	立	ta(tsu/teru) RITSU, RYŪ	stehen (I), aufstellen (T)	Graphem
M11	位	kurai I	Rang	Mensch, stehen
M11	泣	na(ku) KYŪ	weinen	Wasser, stehen
M11	粒	tsubu RYŪ	Korn	Reiskorn, stehen
M11	翌	YOKU	nächstes Mal	Feder, stehen
M11	端	hashi, hata TAN	Kante	stehen, Berg, Bart

M11	接	tsu(gu) SETSU	zusammenfügen berühren	Hand, Frau, stehen
M11	童	warabe DŌ	kleines *Kind*	stehen, Heimatdorf
M11	鐘	kane SHŌ	Glocke	Metall, kleines Kind
M12	培	tsuchika(u) BAI	Pflanzen anbauen	Erde, Menschengruppe
M12	陪	BAI	Begleitung	Festung, Menschengruppe
M12	倍	BAI	doppelt mehrfach	Mensch, Menschengruppe
M12	賠	BAI	Entschädigung	Geld, Menschengruppe
M12	部	BU	Teil	Menschengruppe, Stadtmauer
M12	剖	BŌ	zerteilen	Menschengruppe, Schwert
M12	競	kiso(u), se(ru) KYŌ, KEI	sich mitbewerben konkurrieren	stehen, älterer Bruder, stehen, älterer Bruder

M13	音	oto, ne ON	Ton	Graphem
M13	暗	kura(i) AN	dunkel	Sonne, Ton
M13	韻	IN	Reim	Ton, Mitarbeiter
M13	境	sakai KYŌ	Grenze	Erde, stehen, Sonne, Beine
M13	鏡	kagami KYŌ	Spiegel	Metall, stehen, Sonne, Beine
M14	章	SHŌ	Satz Kapitel	Graphem
M14	彰	SHŌ	Ankündigung	Satz, Form
M14	障	sawa(ru) SHŌ	verhindern, kränken	Festung, Satz
M15	意	I	Wille	Graphem
M15	億	OKU	100 Millionen	Mensch, Wille

M15	憶	OKU	Erinnerung	Gefühl, Wille
M16	新	atara(shii), ara(ta) SHIN	neu	erstmalig, Axt
M16	薪	takigi SHIN	Brennholz	Blume, erstmalig, Axt
M16	親	shita(shii) oya, SHIN	vertraut Eltern	erstmalig, sehen
M17	辛	kara(i) SHIN	scharf	Graphem
M17	辞	ya(meru) JI	zurücktreten Rede	Zunge, scharf
M17	宰	SAI	Führung Aufsicht	Haus, scharf
M18	帝	TEI	Kaiser	Kaiser, Tuch
M18	締	shi(maru/meru) TEI	sich schließen (I), schnüren, abschließen	Faden, Kaiser
M18	傍	katawa(ra) BŌ	von der Seite, neben	Mensch, Kaiser, Richtung

M19	商	akina(u) SHŌ	Handel treiben	beraten, Beine, Mund
M19	滴	shitata(ru), shizuku TEKI	tropfen, Tropfen	Wasser, beraten, alt
M19	適	TEKI	passend	beraten, alt, Reisender
M19	摘	tsu(mu) TEKI	herausziehen	Hand, beraten, alt
M19	敵	kataki TEKI	Feind	beraten, alt, Lehrer
M19	嫡	CHAKU	legitim	Frau, beraten, alt
M20	産	u(mareru/mu) SAN	geboren werden(I), gebären (T), Produktion	standfest, Leben
M20	顔	kao GAN	Gesicht	standfest, Form, Kopf
N1	札	fuda SATSU	(Bank)Note	Holz, Haken
N1	礼	REI RAI	Höflichkeit, Etikett	Altar, Haken

N1	孔	KŌ	*Loch*	Kind, Haken
N1	乳	chichi, chi NYŪ	Muttermilch	streichelnde Hand, Loch
N1	乱	mida(reru/su) RAN	in Unordnung geraten (I)	Zunge, Haken
N2	乙	OTSU	zweitklassig fein	Graphem
N2	乾	kawa(ku/kasu) KAN	trocknen (I, T)	Nebel, menschlich, zweitklassig
N2	迅	JIN	schnell	zweitklassig, zehn, Reisender
N2	飛	to(bu/basu) HI	fliegen (I), fliegen lassen (T)	(zwei) zweitklassig, (zwei) Tropfen, Flasche
N2	気	KI KE	Geist Stimmung	menschlich, eins, zweitklassig, Schere
N2	汽	KI	Dampf	Wasser, menschlich, eins, zweitklassig
N3	心	kokoro SHIN	Herz	Graphem

N3	応	Ō	angemessene Antwort Reaktion	Gebäude, Herz
N3	悠	YŪ	gemächlich	Mensch, halbieren, Lehrer, Herz
N4	必	kanara(zu) HITSU	gewiß, sicherlich	Graphem
N4	泌	HITSU HI	Sekret	Flüssigkeit, gewiß
N4	秘	hi(meru) HI	geheimhalten	Reispflanze, gewiß
N4	密	MITSU	Geheimnis Dichte	Haus, gewiß, Berg
N5	突	tsu(ku) TOTSU	stoßen, stechen	Luftloch, groß
N5	空	a(ku/keru), kara sora, KŪ	frei werden (I), leer, *freimachen* (T), Himmel	Luftloch, Handwerk
N5	控	hika(eru) KŌ	sich zurückhalten, warten	Hand, freimachen
N5	搾	shibo(ru) SAKU	auspressen	Hand, Luftloch, machen

N5	窯	kama YŌ	Brennofen	Luftloch, Schafwolle, Ofenfeuer
N5	深	fuka(i) SHIN	tief	Wasser, Decke, Beine, Holz
N5	探	saga(su) TAN	suchen	Hand, Decke, Beine, Holz
N6	元	moto GEN, GAN	Ursache gesund, Anfang	Graphem
N6	頑	GAN	eigensinnig hartnäckig	Ursache, Kopf
N6	完	KAN	*Vollendung*	Haus, Ursache
N6	冠	kanmuri KAN	Krone	Decke, Ursache, in der Nähe
N6	院	IN	Institut	Festung, Vollendung
N6	微	BI	winzig	Schritt, Berg, eins, Beine, Lehrer
N7	西	nishi SEI, SAI	Westen (siehe auch I 12)	Graphem

N7	酒	sake SHU	Reiswein, Sake	Flüssigkeit, Wein
N7	猶	YŪ	Verzögerung	Wachhund, (zwei) Tropfen, Wein
N7	尊	tōto(bu), tatto(i) SON	schätzen, *hochverehrt*	(zwei) Tropfen, Wein, in der Nähe
N7	遵	JUN	Gehorsam	hochverehrt, Reisender
N8	沈	shizu(mu/meru) CHIN	versinken (I)	Wasser, versinken
N8	就	tsu(ku/keru) SHŪ	einen Platz einnehmen	Hauptstadt, (versinken)
N8	既	sude(ni) KI	bereits, vollendet *schon vergangen*	fest, (versinken)
N8	慨	GAI	bedauern	Gefühl, schon vergangen
N8	概	GAI	allgemein circa	Baum, schon vergangen
N9	老	o(iru), fu(keru) RŌ	altern, alt	Erde, Tropfen, hocken

N9	蛇	hebi JA, DA	Schlange	Insekt, Haus, hocken
N9	壱	ICHI	römisch eins	Fachmann, Decke, hocken
N10	化	ba(keru/kasu) KA, KE	sich verwandeln (I), jemanden verwandeln (T)	Graphem
N10	花	hana KA	Blume, Blüte	Blume, verwandeln
N10	貨	KA	Güter Geld	verwandeln, Geld
N10	靴	kutsu KA	Schuhe	Reform, verwandeln
N10	傾	katamu(ku/keru) KEI	sich neigen (I)	verwandeln, Kopf
N11	比	kura(beru) HI	vergleichen	Graphem
N11	批	HI	Kritik Begutachtung	Hand, vergleichen
N11	皆	mina KAI	*alle*	vergleichen, weiß

N11	階	KAI	Stockwerk	Festung, alle
N11	陛	HEI	seine Majestät	Festung, vergleichen, Erde
N11	昆	KON	Wurm, *Nachkommen*	Tag, vergleichen
N11	混	ma(zaru/zeru) KON	mischen (T)	Wasser, Nachkommen
N12	北	kita HOKU	Norden	Graphem
N12	背	somu(ku/keru), se HAI	auflehnen gegen (I), abwenden (T), Rücken	Norden, Körperteil
N13	旨	mune SHI	das Wesentliche, Sinn wesentlich	Graphem
N13	指	sa(su), yubi SHI	zeigen, Finger	Hand, wesentlich
N13	脂	abura SHI	Fett	Körperteil, wesentlich
N14	兆	kiza(su) kiza(shi), CHŌ	Vor-, Anzeichen Billion	Graphem

N14	挑	ido(mu) CHŌ	herausfordern	Hand, Billion
N14	眺	naga(meru) CHŌ	anschauen	Auge, Billion
N14	跳	to(bu), ha(neru) CHŌ	springen, hüpfen	Fuß, Billion
N14	桃	momo TŌ	Pfirsich	Baum, Billion
N14	逃	ni(geru/gasu) TŌ	fliehen (I), freigeben (T)	Billion, Reisender
N15	七	nana, nana(tsu) SHICHI	sieben	Graphem
N15	切	ki(reru/ru) SETSU	*schneiden*	sieben, Messer
N15	窃	SETSU	stehlen	Luftloch, schneiden
N15	宅	TAKU	Wohnung	Haus, Tropfen, sieben
N15	託	TAKU	Auftrag Vertrag	Worte, Tropfen, sieben

N16	慮	RYO	Einfühlungsvermögen	Tiger, denken
N16	虜	RYO	Gefangener	Tiger, Mann
N16	膚	FU	Haut	Tiger, Magen
N16	虚	KYO	nutzlos, leer	Tiger, aufreihen
N17	毛	ke MŌ	Wolle	Graphem
N17	耗	MŌ	Abnutzung	zwei, Baum, Wolle
N18	屯	TON	Kaserne Lagerplatz	Graphem
N18	鈍	nibu(ru), nibu(i) DON	stumpf werden, stumpf	Metall, Kaserne
N18	純	JUN	rein	Faden, Kaserne
N19	竜	tatsu RYŪ	*Drache*	stehen, Blitz

N19	滝	taki	Wasserfall	Wasser, Drache
N19	電	DEN	Elektrizität	Regen, Blitz
N19	縄	nawa JŌ	Seil	Faden, Reisfeld, Blitz
N20	九	kokono(tsu) KU, KYŪ	neun	Graphem
N20	究	kiwa(meru) KYŪ	erforschen	Luftloch, neun
N20	軌	KI	Rad, Wagenspur	Wagen, neun
N20	染	so(maru/meru) shi(miru), SEN	färben (T) einsickern	Flüssigkeit, neun, Baum
N20	雑	ZATSU ZŌ	Gemisch	neun, Baum, Huhn
N21	枠	waku	Rahmen	Holz, 90 Grad Winkel
N21	砕	kuda(ku/keru) SAI	zertrümmern (T)	Stein, 90 Grad Winkel

N21	酔	yo(u) SUI	betrunken	Wein, 90 Grad Winkel
N21	粋	SUI	Auslese	Reiskorn, 90 Grad Winkel
N22	丸	maru(meru), maru maru(i), GAN	rund	Graphem
N22	執	to(ru) SHITSU, SHŪ	durchführen hängen an	Glück, rund
N22	勢	ikio(i) SEI	Tendenz, Macht	Erde, Beine, Erde, rund, Kraft
N22	熱	atsu(i) NETSU	heiß Fieber	Erde, Beine, Erde, rund Ofenfeuer
N22	熟	u(reru) JUKU	reifen	Genuß, rund, Ofenfeuer
N22	塾	JUKU	Nachilfe Privatschule	Genuß, rund, Erde
N23	犯	oka(su) HAN	ein Verbrechen begehen	Wachhund, Merkmal
N23	範	HAN	Muster Grenze	Bambus, Wagen, Merkmal

N23	厄	YAKU	Unglück	Abhang, Merkmal
N23	危	abu(nai), aya(ui) KI	gefährlich	verschnürt, Abhang, Merkmal
N24	把	HA	ergreifen Bündel	Hand, Schlange
N24	肥	ko(eru/yasu) HI	fett werden Dünger	Körperteil, Schlange
N24	色	iro SHOKU, HIKI	Farbe, *Sex*	verschnürt, Schlange
N24	絶	ta(tsu/yasu) ZETSU	aussterben (I), ausrotten (T)	fortlaufend, Sex
N25	池	ike CHI	Teich	Wasser, Trichter
N25	地	JI CHI	Boden Ort, regional	Erde, Trichter
N25	他	TA	etwas anderes ein anderer	Mensch, Trichter
N25	施	hodoko(su) SHI, SE	spenden durchführen	Richtung, menschlich, Trichter

O1	止	to(maru/meru) SHI	anhalten (I, T)	Graphem
O1	祉	SHI	Glück	Altar, anhalten
O1	歯	ha SHI	*Zähne*	anhalten, Reiskorn, Schüssel
O1	雌	mesu SHI	Weibchen (Tiere)	anhalten, hocken Huhn
O1	歴	REKI	(Ver)lauf der Zeit	Abhang, Forst, anhalten
O1	肯	KŌ	Zustimmung	anhalten, Körperteil
O1	渋	shibu(ru), shibu(i) JŪ	sich zusammenziehen, zögern, herb	Wasser, anhalten, sehr viel
O2	歩	aru(ku), ayu(mu) HO, BU	(zu Fuß) gehen laufen	Graphem
O2	渉	SHŌ	Überquerung	Wasser, laufen
O2	頻	HIN	häufig	laufen, Kopf

O3	延	no(biru/basu) EN	verlängern (T)	Graphem
O3	誕	TAN	Geburt	Worte, verlängern
O4	卸	oro(su)	im Großhandel (ver)kaufen	Graphem
O4	御	on GO, GYO	höfliches Präfix	Schritt, Großhandel
O5	正	tada(su), masa SEI, SHŌ	berichtigen, richtig regulär, echt	Graphem
O5	政	matsurigoto SEI, SHŌ	Verwaltung	richtig, Lehrer
O5	征	SEI	Eroberung	Schritt, richtig
O5	証	SHŌ	Beweis Garantie	Worte, richtig
O5	症	SHŌ	Krankheit	Krankheit, richtig
O5	整	totono(u/eru) SEI	ordnen (T)	Bündel, Lehrer, richtig

O6	定	sada(maru/meru) TEI, JŌ	*festsetzen* (T) bestimmt, regulär	Haus, konstant
O6	錠	JŌ	Schlüsselschloß Tablette	Metall, festsetzen
O6	従	shitaga(u/eru) JŪ	*folgen* (I), begleitet werden (T)	Schritt, Hörner, konstant
O6	縦	tate JŪ	senkrecht	Faden, folgen
O7	旋	SEN	sich drehen	Richtung, menschlich, tanzen
O7	婿	muko SEI	Schwiegersohn	Frau, tanzen, Körperteil
O7	礎	ishizue SO	Fundament, Grundstein	Stein, Forst, tanzen
O7	疑	utaga(u) GI	*zweifeln*, verdächtigen pseudo-	hocken, Pfeil typisch, tanzen
O7	擬	GI	nachahmen	Hand, zweifeln
O7	凝	ko(ru/rasu) GYŌ	sich versteifen (I), konzentrieren (T)	Eis, zweifeln

O7	疎	uto(mu), uto(i) SO	sich entfremden unkundig	tanzen, Bündel
O8	足	ta(riru/su), ashi SOKU	genügen, Fuß, Bein	Graphem
O8	促	unaga(su)	drängen fordern	Mensch, genügen
O9	走	hashi(ru) SŌ	laufen, rennen	Graphem
O9	徒	TO	Junior Begleiter	Schritt, rennen
O9	赴	omomu(ku) FU	seinen Weg gehen	rennen, Wünschelrute
O9	超	ko(su), ko(eru) CHŌ	überschreiten Super-	rennen, Höflichkeitsform
O10	是	ZE	ordnungsgemäß gerecht	Graphem
O10	堤	tsutsumi TEI	Deich	Erde, ordnungsgemäß
O10	提	TEI	Vorschlag präsentieren	Hand, ordnungsgemäß

O10	題	DAI	Thema	ordnungsgemäß, Kopf
P1	水	mizu SUI	Wasser	Graphem
P1	氷	kō(ru), hi HYŌ	gefrieren Eis	Tropfen, Wasser
P1	泉	izumi SEN	*Quelle*, Brunnen	weiß, Wasser
P1	線	SEN	Linie	fortlaufend, Quelle
P1	踏	fu(mu), fu(maeru) TŌ	(darauf)treten	Fuß, Wasser, Sonne
P1	蒸	mu(su) JŌ	dämpfen (T)	Blume, Schluß, Wasser, eins, Ofenfeuer
P1	承	uketamawa(ru) SHŌ	zu Ohren kommen Einwilligung	Schluß, drei, Wasser
P2	永	naga(i) EI	ewig	Graphem
P2	泳	oyo(gu) EI	schwimmen	Wasser, Ewigkeit

P2	詠	yo(mu) EI	Gedicht verfassen	Worte, Ewigkeit
P3	求	moto(meru) KYŪ	fordern, verlangen	Graphem
P3	球	tama KYŪ	Ball, Kugel	König, fordern
P3	救	suku(u) KYŪ	retten	fordern, Lehrer
P3	暴	aba(reru), aba(ku) BŌ	*wüten*, toben offenlegen	Sonne, zusammen, Wasser
P3	爆	BAKU	Explosion	Feuer, wüten
P3	様	sama YŌ	(höfliche Anrede) Zustand	Baum, Schafwolle, Wasser
P4	還	KAN	Rückkehr	Netz, eins, Mund, weit, Reisender
P4	環	KAN	Umgebung	König, Netz, eins, Mund, weit
P4	旅	tabi RYO	Reise	Richtung, menschlich, weit

P4	衆	SHŪ	Masse Menge	Blut, (zwei) Tropfen, weit
P4	園	sono EN	Park	eingeschlossen, Erde, Mund, weit
P4	遠	tō(i) EN	weit, fern	Erde, Mund, weit, Reisender
P4	猿	saru EN	Affe	Wachhund, Erde, Mund, weit
P5	哀	awa(remu) AI	*Mitleid* haben	hoch, Mund, Kummer
P5	衰	otoro(eru) SUI	schwächer werden	eins, Mitleid
P5	衷	CHŪ	Innerstes	zehn, Mund, Kummer
P5	表	arawa(reru/su) omote, HYŌ	sich ausdrücken (T) *Oberfläche*, Schaubild	aufwachsen, Kummer
P5	俵	tawara HYŌ	Strohsack	Mensch, Oberfläche
P5	裏	ura RI	Rückseite	hoch, Heimatdorf, Kummer

P5	褒	ho(meru) HŌ	loben	hoch, bewahren, Kummer
P6	壌	JŌ	Erde	Erde, kompliziert
P6	譲	yuzu(ru) JŌ	abtreten	Worte, kompliziert
P6	嬢	JŌ	Tochter	Frau, kompliziert
P6	醸	JŌ	brauen	Wein, kompliziert
P7	衣	koromo I	Kleidung	Graphem
P7	依	I	Abhängigkeit	Mensch, Kleidung
P7	製	SEI	Herstellung	System, Kleidung
P7	懐	natsuka(shii) KAI	sehnsüchtig, nostalgisch	Gefühl, zehn, Netz, Kleidung
P7	壊	kowa(su/reru) KAI	zerbrechen (I, T)	Erde, zehn, Netz, Kleidung

P7	装	yosō(u) SŌ, SHŌ	sich verkleiden, schminken	kraftvoll, Kleidung
P8	喪	mo SŌ	Trauer	zehn, (zwei) Mund, Kummer
P8	長	naga(i) CHŌ	lang	Graphem
P9	張	ha(ru) CHŌ	aufspannen, ausbreiten	Bogen, lang
P9	帳	CHŌ	Vorhang Notizbuch	Tuch, lang
P9	脹	CHŌ	anschwellen	Körperteil, lang
P10	唇	kuchibiru SHIN	Lippe	zittern, Mund
P10	振	fu(ru) SHIN	schütteln, schwingen	Hand, zittern
P10	娠	SHIN	Schwangerschaft	Frau, zittern
P10	震	furu(eru) SHIN	zittern Erdbeben	Regen, zittern

P10	農	NŌ	*Landwirtschaft*	beugen, zittern
P10	濃	ko(i) NŌ	dicht, konzentriert	Flüssigkeit, Landwirtschaft
P10	辱	hazukashi(meru) JOKU	entehren Schande	zittern, in der Nähe
P11	氏	uji SHI	Höflichkeitssuffix für Familiennamen	Graphem
P11	紙	kami SHI	Papier	fortlaufend, Familie
P11	婚	KON	Heirat	Frau, Familie, Tag
P12	低	hiku(i) TEI	niedrig	Mensch, niedrig
P12	抵	TEI	Widerstand leisten	Hand, niedrig
P12	邸	TEI	Residenz	niedrig, Stadtmauer
P12	底	soko TEI	Boden	Gebäude, niedrig

P13	民	tami MIN	Volk	Graphem
P13	眠	nemu(ru), nemu(i) MIN	schlafen, schläfrig	Auge, Volk
P14	以	I	Steigerungspräfix	Graphem
P14	似	ni(ru) JI	ähneln	Mensch, Steigerung
P15	留	to(maru/meru) RYŪ	festsitzen, bleiben (I), festsetzen, hinterlassen (T)	außerhalb, Reisfeld
P15	貿	BŌ	Handel	außerhalb, Geld
P16	仰	ao(gu), ō(se) GYŌ	nach oben blicken achten	Mensch, Beschützer
P16	抑	osa(eru) YOKU	unterdrücken	Hand, Beschützer
P16	迎	muka(eru) GEI	entgegengehen, empfangen	Beschützer, Reisender
P16	卵	tamago RAN	Ei	Beschützer, (zwei) Tropfen

P16	柳	yanagi RYŪ	Weide	Baum, Beschützer
Q1	仏	hotoke BUTSU, FUTSU	Buddha Frankreich	Mensch, selbst
Q1	払	hara(u) FUTSU	bezahlen	Hand, selbst
Q1	私	watashi SHI	ich, mein privat	Reispflanze, selbst
Q1	窓	mado SŌ	Fenster	Luftloch, selbst, Herz
Q1	離	hana(reru/su) RI	sich trennen (I)	hoch, Übel, Hohlraum, selbst Huhn
Q1	強	tsuyo(i) KYŌ, GŌ	stark	Bogen, selbst, Insekt
Q1	弁	BEN	Dialekt Imbiß	selbst, flexibel
Q1	参	mai(ru) SAN	jemanden *aufsuchen* römisch drei	selbst, groß, Form
Q1	惨	miji(me) SAN, ZAN	armselig, elend	Gefühl, jemanden aufsuchen

Q2	台	DAI TAI	Gestell, Sockel Größenordnung	Graphem
Q2	胎	TAI	Gebärmutter	Körperteil, Gestell
Q2	怠	nama(keru) okota(ru), TAI	faulenzen vernachlässigen	Gestell, Herz
Q2	治	osa(maru/meru) nao(ru/su), JI, CHI	regeln (T) heilen (T), Regierung	Wasser, Gestell
Q2	始	haji(maru/meru) SHI	anfangen (I, T)	Frau, Gestell
Q3	能	NŌ	Begabung	Graphem
Q3	態	TAI	Einstellung Zustand	Begabung, Herz
Q3	罷	HI	beenden	Netz, Begabung
Q4	広	hiro(garu/geru) hiro(i), KŌ	verbreitern (T) breit	Graphem
Q4	鉱	KŌ	Erz	Metall, breit

Q4	拡	KAKU	Erweiterung	Hand, breit
Q5	伝	tsuta(waru/eru) DEN	übermitteln, überliefern (T)	Mensch, Wolke
Q5	転	koro(garu/gasu) koro(bu), TEN	rollen (I, T) hinfallen (I)	Wagen, Wolke
Q5	芸	GEI	Kunst	Blume, Wolke
Q5	雲	kumo UN	Wolke	Regen, Wolke
Q5	曇	kumo(ru) DON	sich bewölken	Sonne, Wolke
Q6	至	ita(ru) SHI	ankommen, erreichen führen zu	Graphem
Q6	室	SHITSU	Zimmer	Haus, ankommen
Q6	窒	CHITSU	Erstickung	Luftloch, ankommen
Q6	致	ita(su) CHI	Höflichkeitsform für "tun"	ankommen, Lehrer

Q6	到	TŌ	Ankunft	ankommen, Schwert
Q6	倒	tao(reru/su) TŌ	fallen (I), fällen (T)	Mensch, ankommen
Q7	去	sa(ru) KYO, KO	vergehen, verlassen	Graphem
Q7	法	HŌ HA	Gesetz, Methode	Wasser, vergehen
Q7	却	KYAKU	*Rückzug* Rückgabe	vergehen, Siegel
Q7	脚	ashi KYAKU	Standbein	Körperteil, Rückzug
Q8	棄	KI	aufgeben ablegen	Entwicklung, eins, Berg, Baum
Q8	流	naga(reru/su) RYŪ	strömen, fließen	Wasser, Entwicklung, Fluß
Q8	硫	RYŪ	Schwefel	Stein, Entwicklung, Fluß
Q9	育	soda(tsu/teru) IKU	aufwachsen (I), aufziehen (T)	Graphem

Q9	徹	TETSU	durchdrungen	Schritt, aufziehen, Lehrer
Q9	撤	TETSU	Abschaffung	Hand, aufziehen, Lehrer
Q10	充	a(teru) JŪ	zuweisen füllen	Graphem
Q10	銃	JŪ	Gewehr	Metall, füllen
Q10	統	TŌ	beherrschend alles umfassend	fortlaufend, füllen
Q11	鬼	oni KI	Dämon	Graphem
Q11	塊	katamari KAI	Klumpen	Erde, Dämon
Q11	魂	tamashii KON	Seele	Wolke, Dämon
Q11	醜	miniku(i) SHŪ	häßlich, schändlich	Wein, Dämon
Q11	魔	MA	böser Geist	Hanf, Dämon

Q11	魅	MI	Reiz Faszination	Dämon, noch nicht
Q12	核	KAKU	Kern	Baum, Kern
Q12	刻	kiza(mu) KOKU	schnitzen Abschnitt	Kern, Schwert
Q12	劾	GAI	Verbrechen untersuchen	Kern, Kraft
Q12	該	GAI	der/die/das betreffende	Worte, Kern
Q13	幼	osana(i) YŌ	kindlich Kleinkind	Faser, Kraft
Q13	擁	YŌ	unter die Arme greifen	Hand, hoch, Faser, Huhn
Q13	郷	KYŌ, GŌ	Heimat *Provinz*	Faser, fest, Stadtmauer
Q13	響	hibi(ku) KYŌ	klingen Nachhall	Provinz, Ton
Q14	滋	JI	reichlich	Wasser, Hörner, verstärken

Q14	磁	JI	Magnet Porzellan	Stein, Hörner, verstärken
Q14	慈	itsuku(shimu) JI	barmherzig	Hörner, verstärken, Herz
Q14	幽	YŪ	unergründlich	verstärken, halbieren, Schüssel
Q15	玄	GEN	dunkel, tiefsinnig	Graphem
Q15	弦	tsuru GEN	Saite, Bogensehne	Bogen, dunkel
Q15	畜	CHIKU	*Stalltiere*, Haustiere	dunkel, Reisfeld
Q15	蓄	takuwa(eru) CHIKU	Vorrat sammeln	Blume, Stalltiere
Q15	率	hiki(iru) SOTSU, RITSU	(an)führen (Prozent)Satz	dunkel, sehr viel, zehn
Q16	糸	ito SHI	Faden	Graphem
Q16	累	RUI	Anhäufung Abfolge	Reisfeld, Faden

Q16	索	SAKU	Suche	zehn, Decke, Faden
Q16	素	SO SU	Element, Ursprung	aufwachsen, Faden
Q16	紫	murasaki SHI	violett	anhalten, hocken, Faden
Q16	潔	isagiyo(i) KETSU	tapfer rein	Wasser, aufwachsen, Messer, Faden
Q16	繁	HAN	Luxus	jeder, Lehrer, Faden
Q16	維	I	*Instandhaltung*	Faden, Huhn
Q16	羅	RA	dünne Seide	Netz, Instandhaltung
Q17	系	KEI	System Abstammung	Graphem
Q17	係	kaka(ru), kakari KEI	betreffen, der Zuständige	Mensch, Abstammung
Q17	孫	mago SON	Enkel	Kind, Abstammung

R1	又	mata	wieder noch eins	Graphem
R1	双	futa SŌ	ein Paar, beide	noch eins, noch eins
R1	桑	kuwa SŌ	Maulbeerbaum	(drei) noch eins, Baum
R1	収	osa(maru/meru) SHŪ	einnehmen (T)	Eimer, noch eins
R1	捜	saga(su) SŌ	suchen	Hand, Bericht, noch eins
R1	受	u(keru), u(karu) JU	erhalten (T) (Prüfung) bestehen (I)	streichelnde Hand, Decke, noch eins
R1	授	sazu(karu/keru) JU	(geschenkt) bekommen (I), schenken (T)	Hand, streichelnde Hand Decke, noch eins
R1	度	tabi DO	*Grad*, Maß	Gebäude, Leder, noch eins
R1	渡	wata(ru/su) TO	überqueren (I), übergeben (T)	Wasser, Grad
R1	服	FUKU	Kleidung	Körperteil, Siegel, noch eins

R1	報	muku(iru) HŌ	belohnen Nachricht	Glück, Siegel, noch eins
R1	騒	sawa(gu) SŌ	lärmen	Pferd, noch eins, Insekt
R1	漫	MAN	Ziellosigkeit	Wasser, Sonne, Netz, noch eins
R1	慢	MAN	angeberisch nachlässig	Gefühl, Sonne, Netz, noch eins
R2	取	to(ru) SHU	nehmen	Graphem
R2	趣	omomuki SHU	Inhalt, Stimmung Sinn	rennen, nehmen
R2	最	motto(mo) SAI	am meisten, *äußerst*	Sonne, nehmen
R2	撮	to(ru) SATSU	fotografieren Aufnahme	Hand, äußerst
R3	叔	SHUKU	Onkel	Graphem
R3	淑	SHUKU	Anmutigkeit Weiblichkeit	Wasser, Onkel

R3	寂	sabi(shii), sabi JAKU	einsam, verlassen	Haus, Onkel
R3	督	TOKU	überwachen befehligen	Onkel, Auge
R4	隻	SEKI	eins von beiden Zählsuffix für Schiffe	Graphem
R4	獲	e(ru) KAKU	zu fassen bekommen fangen	Wachhund, Blume, eins von beiden
R4	穫	KAKU	Ernte	Reispflanze, Blume, eins von beiden
R4	護	GO	verteidigen	Worte, eins von beiden
R5	祭	matsu(ru) matsu(ri), SAI	als Gott verehren Fest	Graphem
R5	際	kiwa SAI	grenzüberschreitend Gelegenheit,Zeit	Festung, Fest
R5	察	SATSU	*Beurteilung* Vermutung	Haus, Fest
R5	擦	su(ru/reru) SATSU	sich aneinander reiben (I), reiben (T)	Hand, Beurteilung

R6	没	BOTSU	untergehen versinken	Wasser, zuschlagen
R6	役	YAKU EKI	Dienst Rolle	Schritt, zuschlagen
R6	疫	EKI	Epidemie	Krankheit, zuschlagen
R6	投	na(geru) TŌ	werfen	Hand, zuschlagen
R6	設	mō(keru) SETSU	gründen, errichten	Worte, zuschlagen
R6	殺	koro(su) SATSU	morden	Schere, Baum, zuschlagen
R6	穀	KOKU	Getreide	Fachmann, Decke, Reispflanze zuschlagen
R6	殻	kara KAKU	Hülse Schale	Fachmann, Decke, Tisch zuschlagen
R6	撃	u(tsu) GEKI	angreifen	Wagen, zuschlagen, Hand
R6	般	HAN	allgemein	Schiff, zuschlagen

R6	搬	HAN	tragen transportieren	Hand, allgemein
R6	盤	BAN	Spielbrett Platte	allgemein, Teller
R7	怪	aya(shimu), aya(shii) KAI	bezweifeln, zweifelhaft	Gefühl, vertikal
R7	径	KEI	Durchmesser Pfad	Schritt, vertikal
R7	経	he(ru) KEI, KYŌ	vergehen (Zeit) Verlauf	Faden, vertikal
R7	軽	karu(i) KEI	leicht, unbeladen	Wagen, vertikal
R7	茎	kuki KEI	Stengel, Stiel	Blume, vertikal
R8	奴	DO	Sklave Kerl	Graphem
R8	怒	oko(ru), ika(ru) DŌ	wütend sein	Sklave, Herz
R8	努	tsuto(meru) DO	sich anstrengen	Sklave, Kraft

R9	反	so(ru/rasu) HAN	biegen (I, T) Gegen, Anti-	Graphem
R9	坂	saka HAN	Abhang	Erde, Anti
R9	板	ita HAN, BAN	Brett	Holz, Anti
R9	販	HAN	Verkauf	Geld, Anti
R9	飯	meshi HAN	Mahlzeit gekochter Reis	Essen, Anti
R9	仮	kari KA	Annahme	Mensch, Anti
R9	返	kae(ru/su) HEN	zurückkehren (I), zurückgeben (T)	Anti, Reisender
R10	支	sasa(eru) SHI	unterstützen Zweig-	Graphem
R10	枝	eda SHI	Zweig	Holz, Zweig
R10	肢	SHI	Gliedmaßen	Körperteil, Zweig

R10	技	waza GI	Technik, Fähigkeit	Hand, Zweig
R10	岐	KI	Weggabelung	Berg, Zweig
R10	鼓	tsuzumi KO	Trommel	Glück, Hörner, Zweig
R11	皮	kawa HI	Haut, Fell	Graphem
R11	彼	kare HI	er (Personalpronomen) jene	Schritt, Haut
R11	披	HI	Eröffnung	Hand, Haut
R11	被	kōmu(ru) HI	etwas erleiden	Mantel, Haut
R11	疲	tsuka(reru) HI	müde werden	Krankheit, Haut
R11	破	yabu(reru/ru) HA	zerreißen (I, T)	Stein, Haut
R11	波	nami HA	*Welle*	Wasser, Haut

R11	婆	BA	alte Frau	Frau, Welle
S1	喚	KAN	(Auf)Schrei	Mund, Austausch
S1	換	ka(waru/eru) KAN	austauschen, umtauschen(T)	Hand, Austausch
S2	免	manuka(reru) MEN	entkommen, befreit werden Genehmigung	Graphem
S2	晩	BAN	Abend	Tag, entkommen
S2	勉	BEN	Fleiß	entkommen, Kraft
S2	逸	ITSU	abschweifen	entkommen, Reisender
S3	陶	TŌ	Porzellan	Festung, einhüllen, Konservendose
S3	胸	mune KYŌ	Brust	Körperteil, einhüllen, Übel
S3	濁	nigo(ru/su) DAKU	trüben (T)	Wasser, Netz, einhüllen, Insekt

S3	菊	KIKU	Chrysantheme	Blume, einhüllen, Reiskorn
S3	匁	monme	Gewichtseinheit 3,75 g	einhüllen, Schere
S4	勺	SHAKU	Schöpfkelle 18ml	Graphem
S4	酌	SHAKU	eingießen	Wein, Schöpfkelle
S4	約	YAKU	ungefähr Versprechen	Faden, Schöpfkelle
S4	的	mato TEKI	Ziel	weiß, Schöpfkelle
S4	釣	tsu(ru)	angeln	Metall, Schöpfkelle
S4	均	KIN	eben gleich	Erde, einhüllen, Eis
S5	句	KU Gedicht	Phrase	Graphem
S5	拘	KŌ	festnehmen	Hand, Phrase

S5	敬	uyama(u) KEI	Respekt haben *respektvoll*	Blume, Phrase, Lehrer
S5	警	KEI	(ver)warnen	respektvoll, Worte
S6	旬	JUN	10-Tage-Periode	Graphem
S7	喝	KATSU	heiser	Mund, ausgetrocknet
S7	渇	kawa(ku) KATSU	trocknen Durst	Wasser, ausgetrocknet
S7	褐	KATSU	Erdfarbe	Mantel, ausgetrocknet
S7	謁	ETSU	Audienz	Worte, ausgetrocknet
S7	掲	kaka(geru) KEI	bekanntmachen Flagge	Hand, ausgetrocknet
S8	物	mono BUTSU, MOTSU	Ding, Sache	Kuh, niemals
S8	易	yasa(shii) EKI, I	leicht Handel	Sonne, niemals

S8	賜	tamawa(ru) SHI	schenken, spenden	Geld, leicht
S9	万	MAN BAN	zehntausend	Graphem
S9	励	hage(mu/masu) REI	motiviert sein (I), anspornen (T)	Abhang, 10.000, Kraft
S9	別	waka(reru) BETSU	(sich) trennen besonders, anders	Mund, 10.000, Schwert
S10	腸	CHŌ	Darm	Körperteil, heiß
S10	揚	a(garu/geru) YŌ	aufsteigen (I), anheben (T)	Hand, heiß
S10	陽	YŌ	Sonne Positiv	Festung, heiß
S10	湯	yu TŌ	heißes Wasser	Wasser, heiß
S10	場	ba JŌ	Standort, Stelle	Erde, heiß
S10	傷	ita(mu/meru) kizu, SHŌ	schmerzen (I), Schmerzen zufügen (T)	Mensch, menschlich, heiß

S11	象	SHŌ ZŌ	*Objekt* Elefant	verschnürt, (zwei) Mund, Schweinebauch
S11	像	ZŌ	Abbild Statue	Mensch, Objekt
S11	塚	tsuka	Grabhügel Erdhaufen	Erde, Decke, Schweinebauch
S11	豚	buta TON	Schwein	Körperteil, Schweinebauch
S11	逐	CHIKU	verfolgen vertreiben	Schweinebauch, Reisender
S11	豪	GŌ	Macht mächtig	Pavillon, Decke, Schweinebauch
S11	劇	GEKI	Drama	Tiger, Schweinebauch, Schwert
S12	家	ie, ya KA, KE	Heim, Haus Fachmann	Graphem
S12	稼	kase(gu) KA	Geld verdienen	Reispflanze, Heim
S12	嫁	totsu(gu) yome, KA	heiraten Braut	Frau, Heim

S13	隊	TAI	Truppe, *Gruppe*	Festung, Wildschwein
S13	墜	TSUI	Absturz	Gruppe, Erde
S13	遂	to(geru) SUI	durchführen	Wildschwein, Reisender
S14	墾	KON	Urbarmachung	familiär, Erde
S14	懇	nengo(ro) KON	freundlich vertraulich	familiär, Herz
S15	欠	ka(keru/ku) KETSU	fehlen	Graphem
S15	吹	fu(ku) SUI	blasen, wehen	Mund, fehlen
S15	炊	ta(ku) SUI	Reis kochen Feuer anzünden	Feuer, fehlen
S15	飲	no(mu) IN	trinken	Essen, fehlen
S15	軟	yawa(raka) NAN	weich	Wagen, fehlen

S15	款	KAN	Übereinkunft, Statut	Fachmann, zeigen, fehlen
S15	欺	azamu(ku) GI	betrügen	Spiel, fehlen
S15	歌	uta(u), uta KA	singen, Lied	(zwei) Möglichkeit, fehlen
S15	歓	KAN	Vergnügen	Adler, fehlen
S16	次	tsu(gu), tsugi JI, SHI	der/die/das nächste	Graphem
S16	資	SHI	Kapital	nächste, Geld
S16	姿	sugata SHI	Gestalt	nächste, Frau
S16	諮	haka(ru) SHI	sich beraten	Worte, nächste, Mund
S16	盗	nusu(mu) TŌ	stehlen	nächste, Teller
S17	夕	yū SEKI	Abend	Graphem

S17	多	ō(i) TA	*viel*, viele	(zwei) Abend
S17	移	utsu(ru/su) I	umziehen (I), jemanden versetzen (T)	Reispflanze, viel
S17	外	hazu(reru/su), soto GAI, GE	außerhalb sein (I), (dr)außen, ander(e,es,er)	Abend, Wünschelrute
S17	夢	yume MU	Traum	Blume, Netz, Decke, Abend
S17	腕	ude WAN	Arm, Geschicklichkeit	Körperteil, Haus, Abend, Merkmal
S18	傑	KETSU	herausragen	Mensch, Opposition, Baum
S18	隣	tonari RIN	Nachbar	Festung, Reiskorn, Opposition
S18	瞬	matata(ku) SHUN	blinzeln Augenblick	Auge, streichelnde Hand, Decke Opposition
S19	名	na MEI, MYŌ	Name bekannt	Graphem
S19	銘	MEI	Inschrift	Metall, Name

S20	殊	koto SHU	insbesondere Besonderheit	sterben, zinnoberrot
S20	殉	JUN	Märtyrer	sterben, 10 Tage
S20	死	shi(nu)	sterben	sterben, hocken
S20	葬	hōmu(ru) SŌ	begraben	Blume, sterben, flexibel
S21	列	RETSU	Reihe	Graphem
S21	烈	RETSU	heftig	Reihe, Ofenfeuer
S21	裂	sa(ku/keru) RETSU	zerreißen (I, T)	Reihe, Kleidung
S21	例	tato(eru) REI	vergleichen Beispiel, Brauch	Mensch, Reihe
S22	久	hisa(shii) KYŪ	lange Zeit	Graphem
S22	畝	se une	Furche, gerippt	hoch, Reisfeld, lange Zeit

S23	冬	fuyu TŌ	*Winter*	marschieren, Eis
S23	終	o(waru/eru) SHŪ	(be)enden	fortlaufend, Winter
S23	条	JŌ	Paragraph Artikel	marschieren, Baum
S23	隆	RYŪ	hoch Blütezeit	Festung, marschieren, Leben
S23	降	o(riru/rosu) fu(ru), KŌ	runtergehen, -steigen regnen	Festung, marschieren, Schranke
S23	峰	mine HŌ	Gipfel	Berg, marschieren, drei, halbieren
S23	縫	nu(u) HŌ	nähen	Faden, marschieren, drei, halbieren
S23	麦	mugi BAKU	Getreide	aufwachsen, marschieren
S23	変	ka(waru/eru) HEN	sich verändern (I)	rosa, marschieren
S23	夏	natsu KA	Sommer	eins, Nase, marschieren

S23	後	ato, ushi(ro) GO, KŌ	danach, später, hinten	Schritt, Faser, marschieren
S23	愛	AI	Liebe	streichelnde Hand, Decke, Herz marschieren
S23	処	SHO	*Erledigung* Maßnahme	marschieren, Tisch
S23	拠	KYO KO	abhängen von, Grundlage	Hand, Erledigung
S23	夜	yoru, yo YA	*Nacht*	hoch, Mensch, marschieren, Tropfen
S23	液	EKI	Flüssigkeit	Wasser, Nacht
S24	複	FUKU	doppelt	Mantel, zusammengefaltet
S24	腹	hara FUKU	Bauch	Körperteil, zusammengefaltet
S24	復	FUKU	*wiederholen*	Schritt, zusammengefaltet
S24	覆	ō(u), kutsugae(ru/su) FUKU	bedecken, (um)stürzen (I, T)	Westen, wiederholen

S25	唆	sosonoka(su) SA	verführen, aufwiegeln	Mund, anstacheln
S25	俊	SHUN	hervorragend herausragend	Mensch, anstacheln
S25	酸	SAN	Säure	Wein, anstacheln
S25	陵	misasagi RYŌ	kaiserliches Grab	Festung, Erde, Beine, marschieren
S26	各	onoono KAKU	jeder, jedes, jede	Graphem
S26	格	KAKU	Status, Norm	Baum, jedes
S26	閣	KAKU	Regierungskabinett	Tor, jedes
S26	客	KYAKU KAKU	*Gast*	Haus, jedes
S26	額	hitai GAKU	Stirn Summe	Gast, Kopf
S26	略	RYAKU	Abkürzung Strategie	Reisfeld, jedes

S26	酪	RAKU	Milchprodukt	Wein, jedes
S26	絡	kara(maru/mu) RAKU	sich verwickeln (I), verbinden	Faden, jedes
S26	落	o(chiru/tosu) RAKU	fallen (I), fallen lassen (T)	Blume, Wasser, jedes
S26	路	ji RO	*Straße*, Weg	Fuß, jedes
S26	露	tsuyu RO	Tau ungeschützt, Russland	Regen, Straße
S26	登	nobo(ru) TŌ, TO	hochklettern *hochsteigen*	Vulkan, Bohne
T1	澄	su(mu/masu) CHŌ	sich aufklären (I), klar	Wasser, hochsteigen
T1	発	HATSU HOTSU	*entstehen*, erscheinen	Vulkan, zwei, Beine
T1	廃	suta(reru) HAI	veralten, verkrüppeln abschaffen	Gebäude, entstehen
T2	会	a(u) KAI, E	*treffen* Gesellschaft	Dach, Wolke

T2	絵	KAI E	Bild	Faden, treffen
T2	診	mi(ru) SHIN	untersuchen	Worte, Dach, Form
T2	珍	mezura(shii) CHIN	selten	König, Dach, Form
T2	全	matta(ku) ZEN	*ganz*, gesamt	Dach, König
T2	栓	SEN	Stöpsel, Pfropfen	Holz, ganz
T2	茶	CHA SA	Tee	Blume, Dach, Holz
T2	漆	urushi SHITSU	Lack	Wasser, Holz, Dach, Wasser
T2	企	kuwada(teru) KI	unternehmen, planen	Dach, anhalten
T2	傘	kasa SAN	Schirm	Dach, (vier) Mensch, zehn
T2	幹	miki KAN	(Baum)Stamm	Nebel, Dach, trocknen

T3	介	KAI	dazwischen (sein) einmischen	Graphem
T3	界	KAI	Welt Gebiet	Reisfeld, dazwischen
T4	余	ama(ru/su) YO	übrig sein (I), übriglassen (T), mehr als	Graphem
T4	徐	JO	herumschlendern allmählich	Schritt, übriglassen
T4	除	nozo(ku) JO	beseitigen ausschließen	Festung, übriglassen
T4	叙	JO	Erzählung Schilderung	übriglassen, noch eins
T4	途	TO	unterwegs	übriglassen, Reisender
T4	塗	nu(ru) TO	(an)streichen, (an)malen	Wasser, übriglassen, Erde
T4	斜	nana(me) SHA	schräg, schief	übriglassen, Eimer
T5	金	kane KIN, KON	Metall, Geld Gold	Graphem

T6	舎	SHA	Hütte, Quartier	Graphem
T6	捨	su(teru) SHA	wegwerfen	Hand, Hütte
T6	舗	HO	Pflasterung Geschäft	Hütte, Angel
T7	食	ta(beru), ku(u) SHOKU	essen	Graphem
T7	飾	kaza(ru) SHOKU	schmücken	Essen, menschlich, Tuch
T8	令	REI	Befehl	Graphem
T8	命	inochi MEI, MYŌ	Leben Schicksal	Befehl, Mund
T8	冷	hi(eru/yasu) tsume(tai), REI	kühlen kalt	Eis, Befehl
T8	鈴	suzu REI, RIN	Glöckchen	Metall, Befehl
T8	零	REI	Null	Regen, Befehl

T8	齢	REI	Alter	anhalten, Zähne, Befehl
T8	領	RYŌ	regieren herrschen	Befehl, Kopf
T9	今	ima KON, KIN	jetzt in dieser Zeit	Graphem
T9	琴	koto KIN	japanische Harfe	(zwei) König, jetzt
T9	吟	GIN	singen	Mund, jetzt
T9	念	NEN	besondere Aufmerksamkeit	jetzt, Herz
T9	含	fuku(mu/meru) GAN	in den Mund nehmen (I), einschließen (T)	jetzt, Mund
T9	陰	kage(ru) IN	schattig werden negativ	Festung, jetzt, Wolke
T10	合	a(u/wasu) GŌ, GA	(an)passen	Graphem
T10	拾	hiro(u) SHŪ, JŪ	finden, aufheben (römisch zehn)	Hand, passen

T10	給	KYŪ	versorgen Gehalt	fortlaufend, passen
T10	搭	TŌ	einsteigen aufladen	Hand, Blume, passen
T10	塔	TŌ	Turm	Erde, Blume, passen
T10	答	kota(eru), kota(e) TŌ	antworten, Antwort	Bambus, passen
T11	倹	KEN	sparsam	Mensch, überprüfen
T11	検	KEN	Untersuchung	Holz, überprüfen
T11	険	kewa(shii) KEN	schräg, steil	Festung, überprüfen
T11	験	KEN	Prüfung Experiment	Pferd, überprüfen
T11	剣	tsurugi KEN	Schwert	überprüfen, Schwert
T12	愉	YU	Freude Vergnügen	Gefühl, umstellen

T12	諭	sato(su) YU	ermahnen	Worte, umstellen
T12	輸	YU	transportieren	Wagen, umstellen
T12	癒	YU	heilen	Krankheit, umstellen, Herz
T13	倫	RIN	Moral	Mensch, Logik
T13	輪	wa RIN	Rad, Ring	Wagen, Logik
T13	論	RON	These, Aufsatz	Worte, Logik
T14	八	ya(tsu), yat(tsu) HACHI	acht	Graphem
T14	穴	ana KETSU	Loch, Höhle (siehe auch Luftloch)	Haus, acht
T14	分	wa(keru), wa(karu) BU, BUN, FUN	teilen (T), verstehen *Teil*, Minute	acht, Messer
T14	粉	kona, ko FUN	Pulver Mehl	Reiskorn, Teil

T14	紛	magi(reru/rawasu) magi(rawashii), FUN	zerstreuen zweideutig	Faden, Teil
T14	雰	FUN	Nebel	Regen, Teil
T14	盆	BON	Tablett Fest zu Ehre der Verstorben	Teil, Teller
T14	貧	mazu(shii) HIN, BIN	arm	Teil, Geld
T14	頒	HAN	verteilen	Teil, Kopf
T15	公	ōyake KŌ	öffentlich, offiziell	Graphem
T15	松	matsu SHŌ	Kiefer	Baum, öffentlich
T15	訟	SHŌ	Anklage	Worte, öffentlich
T15	翁	Ō	höfliche Anrede für alten Mann	öffentlich, Feder
T15	総	SŌ	General- allgemein	Faden, öffentlich, Herz

T16	沿	so(u) EN	längs laufen entlang	Wasser, auslaufen
T16	鉛	namari EN	Blei	Metall, auslaufen
T16	船	fune SEN	Schiff	Schiff, auslaufen
T17	谷	tani KOKU	Tal	Graphem
T17	浴	a(biru/biseru) YOKU	*baden* (I, T)	Wasser, Tal
T17	欲	hos(suru) YOKU	wollen Habgier	baden, fehlen
T17	俗	ZOKU	Sitten und Gebräuche	Mensch, Tal
T17	裕	YŪ	Überfluß	Mantel, Tal
T17	容	YŌ	Form *Behälter*	Haus, Tal
T17	溶	to(keru/kasu) YŌ	schmelzen (I)	Flüssigkeit, Behälter

T18	具	GU	*Werkzeug*	Auge, Hocker
T18	真	ma SHIN	*Wahrheit*	zehn, Werkzeug
T18	慎	tsutsushi(mu) SHIN	zurückhalten	Gefühl, Wahrheit
T18	鎮	shizu(maru/meru) CHIN	beruhigen (T)	Metall, Wahrheit
T18	益	EKI	Nutzen Vorteil	Hörner, Hocker, Teller
T18	誉	homa(re) YŌ	Ruhm, Ehre	ansammeln, Hocker, Worte
T18	挙	a(garu/geru) KYO	aufzählen festnehmen	ansammeln, Hocker, Hand
T18	寒	samu(i) KAN	kalt	Haus, Brunnen, Hocker, Eis
U1	尿	NYŌ	Harn, Urin	Hinterteil, Wasser
U1	尾	o BI	Schwanz	Hinterteil, Wolle

U1	届	todo(ku/keru)	ankommen (I), zuschicken (T)	Hinterteil, Grund
U1	層	SŌ	Schicht	Hinterteil, zunehmen
U1	履	ha(ku) RI	Schuhe anziehen	Hinterteil, wiederholen
U1	漏	mo(ru/rasu) RŌ	auslaufen, durchkommen (I), durchlassen (T)	Wasser, Hinterteil, Regen
U1	遅	oku(reru/rasu) CHI	sich verspäten (I), spät	Hinterteil, Schafe, Reisender
U1	塀	HEI	Mauer Zaun	Erde, Hinterteil, Hörner, mit beiden Händen
U1	展	TEN	(sich) ausbreiten	Hinterteil, Kräuter, Kummer
U1	殿	tono, dono DEN, TEN	mein Fürst Palast	Hinterteil, Kräuter Tierbeine, zuschlagen
U1	刷	su(ru) SATSU	drucken	Hinterteil, Tuch, Schwert
U1	尉	I	*Offizier*	Hinterteil, zeigen, in der Nähe

U1	慰	nagusa(mu/meru) I	trösten (T)	Offizier, Herz
U1	居	i(ru) KYO	sein Wohnsitz *haben*	Hinterteil, alt
U1	据	su(eru)	etwas (auf)stellen etwas legen	Hand, Wohnsitz haben
U1	尼	ama NI	Nonne	Hinterteil, hocken
U1	泥	doro DEI	Schlamm, Kot	Flüssigkeit, Hinterteil hocken
U1	屋	ya OKU	*Händler*, Laden	Hinterteil, ankommen
U1	握	nigi(ru) AKU	(er)greifen, fassen	Hand, Händler
U1	属	ZOKU	*dazugehören*	Hinterteil, Tropfen, Insekt
U1	嘱	SHOKU	anvertrauen beauftragen	Mund, dazugehören
U1	屈	KUTSU	sich *biegen*	Hinterteil, hinausgehen

U1	掘	ho(ru) KUTSU	graben	Hand, sich biegen
U1	堀	hori	Graben	Erde, sich biegen
U2	壁	kabe HEKI	Wand, Mauer	Gefängnis, Erde
U2	癖	kuse HEKI	(schlechte) Angewohnheit	Krankheit, Gefängnis
U2	避	sa(keru) HI	(ver)meiden, ausweichen	Gefängnis, Reisender
U3	尺	SHAKU	Längenmaß (ca. 30cm)	Graphem
U3	釈	SHAKU	Erklärung	Nummer, Maß
U3	沢	sawa TAKU	Sumpf	Wasser, Maß
U3	択	TAKU	(Aus)Wahl	Hand, Maß
U3	訳	wake YAKU	Übersetzung	Worte, Maß

U3	駅	EKI	Bahnhof	Pferd, Maß
U3	尽	tsu(kiru/kusu) JIN	erschöpfen (T) aufbrauchen	Maß, Eis
U3	昼	hiru CHŪ	tagsüber Mittag	Maß, Sonnenaufgang
U3	声	koe SEI	Stimme	Fachmann, Hinterteil, Tropfen
U4	戸	to KO	Tür	Graphem
U4	雇	yato(u) KO	jemanden *anstellen*	Tür, Huhn
U4	顧	kaeri(miru) KO	zurückblicken	jemanden anstellen, Kopf
U4	所	tokoro SHO	Ort, Stelle	Tür, Axt
U4	炉	RO	Ofen, Herd	Feuer, Tür
U4	房	fusa BŌ	Franse Raum	Tür, Richtung

U4	啓	KEI	Offenbarung	Tür, Lehrer, Mund
U4	肩	kata KEN	Schulter	Tür, Körperteil
U4	扇	ōgi SEN	Fächer	Tür, Feder
U4	戻	modo(ru/su)	*zurückkehren* (I)	Tür, groß
U4	涙	namida RUI	Träne	Wasser, zurückkehren
U5	遍	HEN	ausgedehnt überall	ausdehnen, Reisender
U5	偏	katayo(ru) HEN	sich neigen einseitig	Mensch, ausdehnen
U5	編	a(mu) HEN	stricken	Faden, ausdehnen
U6	倉	kura SŌ	Speisekammer Speicher	Graphem
U6	創	SŌ	Schöpfung	Speisekammer, Schwert

V1	右	migi U, YŪ	rechts	Graphem
V1	若	waka(i) JAKU	*jung*	Blume, rechts
V1	諾	DAKU	Einwilligung	Worte, jung
V2	有	a(ru) YŪ, U	sein haben	Graphem
V2	賄	makana(u) WAI	Bestechung	Geld, haben
V2	堕	DA	Verfall degenerieren	Festung, haben, Erde
V2	随	ZUI	(nach)folgen begleiten	Festung, haben, Reisender
V2	髄	ZUI	(Knochen)Mark	Knochen, haben, Reisender
V3	布	nuno FU	Leintuch	Graphem
V3	怖	kowa(i) FU	unheimlich ängstlich	Gefühl, Leintuch

V3	希	KI	Knappheit	Schere, Leintuch
V4	存	SON ZON	Existenz	existieren, Kind
V4	在	a(ru) ZAI	sein Aufenthaltsort	existieren, Erde
V5	雄	osu YŪ	Männchen (Tiere)	stabil, selbst, Huhn
V5	丈	take JŌ	(Körper)größe (ca. 3cm)	stabil, Tropfen
V5	左	hidari SA	*links*	stabil, Handwerk
V5	佐	SA	helfen	Mensch, links
V5	惰	DA	Trägheit Faulheit	Gefühl, links, Körperteil
V6	友	tomo YŪ	Freund	Graphem
V6	抜	nu(keru/ku) BATSU	herausziehen zurücklassen (T)	Hand, Freund

V6	髪	kami HATSU	Haar	lang, Form, Freund
V6	暖	atata(maru/meru) atata(kai), DAN	warm werden erwärmen (T), warm	Sonne, streichelnde Hand, eins, Freund
V6	援	EN	Hilfe	Hand, streichelnde Hand, eins, Freund
V6	緩	yuru(mu/meru) yuru(yaka), KAN	sich lockern (I), lose	Faden, streichelnde Hand, eins, Freund
V7	史	SHI	Geschichte	Graphem
V7	吏	RI	Beamter	eins, Geschichte
V7	使	tsuka(u) SHI	benutzen Bote	Mensch, Beamter
V8	更	fu(keru/kasu), sara KŌ	spät werden wieder	Graphem
V8	硬	kata(i) KŌ	hart	Stein, wieder
V8	便	tayo(ri) BEN, BIN	Nachricht Bequemlichkeit, Post	Mensch, wieder

V9	大	ō(kii) DAI, TAI	groß	Graphem
V9	奮	furu(u) FUN	erregt	groß, Huhn, Reisfeld
V9	因	yo(ru) IN	Ursache	eingeschlossen, groß
V9	姻	IN	Heirat	Frau, Ursache
V9	恩	ON	Dankbarkeit	Ursache, Herz
V9	太	futo(ru), futo(i) TAI, TA	*fett* (werden) dick	groß, Tropfen
V9	駄	DA	unnötig unnütz	Pferd, fett
V10	漠	BAKU	Wüste Vage	Wasser, verborgen
V10	膜	MAKU	Membrane	Körperteil, verborgen
V10	模	MO BO	Modell imitieren	Holz, verborgen

V10	墓	haka BO	Grab	verborgen, Erde
V10	暮	ku(reru), ku(rasu) BO	dunkel werden, leben	verborgen, Sonne
V10	募	tsuno(ru) BO	an-, bewerben	verborgen, Kraft
V10	幕	MAKU BAKU	Bühnenvorhang Akt	verborgen, Tuch
V10	慕	shita(u) BO	sich sehnen	verborgen, Herz
V11	犬	inu KEN	Hund	Graphem
V11	献	KEN	schenken widmen	Süden, Hund
V11	伏	fu(su/seru) FUKU	sich niederwerfen (I)	Mensch, Hund
V11	状	JŌ	Zustand Brief	Seite, Hund
V11	獣	kemono JŪ	Bestie	ansammeln, Reisfeld, eins Mund, Hund

V11	默	dama(ru) MOKU	schweigen	Heimatdorf, Hund, Ofenfeuer
V11	獄	GOKU	Gefängnis Hölle	Wachhund, Worte, Hund
V11	然	ZEN NEN	Art und Weise *Sache*	Körperteil, Hund, Ofenfeuer
V11	燃	mo(eru/yasu) NEN	brennen (I)	Sache, Ofenfeuer
V12	僚	RYŌ	Beamter Kollege	Mensch, sich erholen
V12	療	RYŌ	Behandlung	Krankheit, sich erholen
V12	寮	RYŌ	Wohnheim Unterkunft	Haus, sich erholen
V13	天	ame, ama TEN	Himmel natürlich	Graphem
V13	蚕	kaiko SAN	Seideraupe	Himmel, Insekt
V13	添	so(u/eru) TEN	hinzufügen (T) begleiten	Wasser, Himmel, Herz

V13	笑	wara(u), e(mu) SHŌ	lachen lächeln	Bambus, Himmel
V13	橋	hashi KYŌ	Brücke	Holz, Himmel, Mund, Hohlraum, Mund
V13	矯	ta(meru) KYŌ	verbessern geradebiegen	Pfeil, Himmel, Mund, Hohlraum, Mund
V14	咲	sa(ku)	blühen	Mund, bedeutend
V14	朕	CHIN	Kaiser	Körperteil, Glut
V14	送	oku(ru) SŌ	schicken	Glut, Reisender
V14	関	seki KAN	angrenzen, zusammenhängen	Tor, Glut
V15	夫	otto FŪ, FU	Ehemann Geschäftsmann	Graphem
V15	扶	FU	Unterhalt	Hand, Ehemann
V15	規	KI	Norm	Ehemann, sehen

V15	替	ka(waru/eru) TAI	(zwei Sachen) austauschen	(zwei) Ehemann, Sonne
V15	潜	mogu(ru), hiso(mu) SEN	auftauchen, verbergen	Wasser, (zwei) Ehemann, Sonne
V15	賛	SAN	Lob Zustimmung	(zwei) Ehemann, Geld
V15	渓	KEI	Schlucht, Tal	Wasser, streichelnde Hand, Ehemann
V15	鶏	niwatori KEI	Huhn	streichelnde Hand, Ehemann, Vogel, Ofenfeuer
V15	僕	BOKU	ich (Männersprache) Diener	Mensch, (aufreihen), (Hörner), Ehemann
V15	撲	BOKU	schlagen	Hand, (aufreihen), (Hörner), Ehemann
V16	漢	KAN	China (Han-Dynastie) Kerl	Wasser, schwierig
V16	嘆	nage(ku) TAN	klagen, jammern	Mund, schwierig
V16	難	muzuka(shii) kata(i), NAN	schwierig	schwierig, Huhn

V17	決	ki(maru/meru) KETSU	entscheiden (T)	Flüssigkeit, Entscheidung
V17	快	kokoroyo(i) KAI	angenehm	Gefühl, Entscheidung
V18	央	Ō	Zentrum	Graphem
V18	英	EI	brilliant England	Blume, Zentrum
V18	映	utsu(ru/su) EI	projizieren glänzen	Sonne, Zentrum
V19	狭	sema(i) KYŌ	eng	Wachhund, eingequetscht
V19	峡	KYŌ	Schlucht	Berg, eingequetscht
V19	挟	hasa(maru/mu) KYŌ	einklemmen (T)	Hand, eingequetscht
V20	券	KEN	(Fahr)karte	Urkunde, Messer
V20	勝	ka(tsu) SHŌ	gewinnen übertreffen	Körperteil, Urkunde, Kraft

V20	謄	TŌ	Kopie	Körperteil, Urkunde, Worte
V20	騰	TŌ	Preisanstieg	Körperteil, Urkunde, Pferd
V21	実	mino(ru), mi JITSU	Früchte tragen, Frucht Wirklichkeit	Haus, Tatsache
V21	春	haru SHUN	Frühling	Tatsache, Sonne
V21	泰	TAI	Ruhe Frieden	Tatsache, Wasser
V21	奏	kana(deru) SŌ	musizieren	Tatsache, Himmel
V21	奉	tatematsu(ru) HŌ	darbringen *opfern*	Tatsache, zwei, halbieren
V21	俸	HŌ	Lohn, Gehalt	Mensch, opfern
V21	棒	BŌ	Stange	Holz, opfern
V22	邦	HŌ	Staat Japan	langlebig, Stadtmauer

V22	寿	kotobuki JU	langes Leben	langlebig, in der Nähe
V22	鋳	i(ru) CHŪ	Gußeisen	Metall, langlebig, in der Nähe
W1	式	SHIKI	Stil, Form Zeremonie	Zeremonie, Handwerk
W1	試	kokoro(miru) tame(su), SHI	probieren, versuchen	Worte, Zeremonie, Handwerk
W2	弐	NI	römisch zwei	Lanze, zwei
W2	武	BU MU	*Militär*	Lanze, anhalten
W2	賦	FU	Tribut	Geld, Militär
W3	代	ka(waru/eru) DAI, TAI	ersetzen, vertreten Generation	Graphem
W3	袋	fukuro TAI	Sack, Tüte	ersetzen, Kleidung
W3	貸	ka(su) TAI	verleihen, vermieten	ersetzen, Geld

W4	伐	BATSU	*angreifen*, umhauen	Mensch, Waffe
W4	閥	BATSU	Clique	Tor, angreifen
W4	戦	tataka(u) ikusa, SEN	kämpfen Krieg	einfach, Waffe
W4	戯	tawamu(reru) GI	spielen, necken	Tiger, (aufreihen), Waffe
W4	賊	ZOKU	Räuber	Geld, Waffe, zehn
W4	戒	imashi(meru) KAI	*ermahnen* Gebot	Waffe, flexibel
W4	械	KAI	(einfache) Maschine	Holz, ermahnen
W4	幾	iku KI	*wieviel?*	(zwei) Faser, Waffe, Mensch
W4	機	KI	(komplizierte) Maschine Gelegenheit	Holz, wieviel
W4	域	IKI	Bezirk, Region	Erde, Waffe, Mund, eins

W4	惑	mado(u) WAKU	vom Wege abkommen verlegen sein	Waffe, Mund, eins, Herz
W5	裁	saba(ku), ta(tsu) SAI	Urteil fällen Kleider zuschneiden	verwunden, Kleidung
W5	栽	SAI	Pflanzen kultivieren	verwunden, Baum
W5	載	no(ru/seru) SAI	auf Papier bringen beladen	verwunden, Wagen
W5	繊	SEN	Textilfaser	Faden, verwunden, aufreihen
W6	識	SHIKI	Bewußtsein Unterscheidung	Worte, Webstuhl
W6	織	o(ru) SHOKU, SHIKI	weben	Faden, Webstuhl
W6	職	SHOKU	Beruf Anstellung	Ohr, Webstuhl
W7	我	ware GA	Ich eigen-, selbst-	Graphem
W7	餓	GA	hungern	Essen, eigen

W8	義	GI	ggs. Verpflichtung künstlich, Schwieger-	Graphem
W8	儀	GI	formal Zeremonie	Mensch, ggs. Verpflichtung
W8	議	GI	Beratung	Worte, ggs. Verpflichtung
W8	犠	GI	Opfer	Kuh, ggs. Verpflichtung
W9	茂	shige(ru) MO	dicht wachsen	Blume, wachsen
W9	越	ko(su), ko(eru) ETSU	überschreiten	rennen, wachsen
W10	歳	SAI	Jahr	anhalten, Rückhalt, klein
W10	威	I	Ansehen Autorität	Rückhalt, Frau
W10	滅	horo(biru/bosu) METSU	untergehen (I), vernichten (T)	Wasser, Rückhalt, Feuer
W10	減	he(ru/rasu) GEN	abnehmen (I), verringern (T)	Wasser, Rückhalt, Mund

W10	感	KAN	*Empfindung*	Rückhalt, Mund, Herz
W10	憾	KAN	bedauern	Gefühl, Empfindung
W11	成	na(ru/su) SEI	werden	Graphem
W11	盛	saka(ru) mo(ru), SEI	gedeihen füllen	Teller, werden
W11	誠	makoto SEI	Aufrichtigkeit	Worte, werden
W11	城	shiro JŌ	Burg	Erde, werden
W12	浅	asa(i) SEN	seicht, flach	Wasser, seicht
W12	践	SEN	praktisch	Fuß, seicht
W12	銭	zeni SEN	1/100 Yen	Metall, seicht
W12	桟	SAN	Holzgerüst	Holz, seicht

W12	残	noko(ru/su) ZAN	übrigbleiben übriglassen	sterben, seicht
X1	当	a(taru/teru) TŌ	zutreffen vorhergenannt	klein, Besen
X1	雪	yuki SETSU	Schnee	Regen, Besen
X1	急	iso(gu) KYŪ	eilen	verschnürt, Besen, Herz
X1	尋	tazu(neru) JIN	(nach)fragen	Besen, Handwerk, Mund, in der Nähe
X1	隠	kaku(reru/su) IN	sich zurückziehen (I), verstecken (T)	Festung, streichelnde Hand, Besen, Herz
X1	穏	oda(yaka) ON	friedlich, sanft	Reispflanze, streichelnde Hand, Besen, Herz
X2	濯	TAKU	waschen	Wasser, Intervall
X2	躍	odo(ru) YAKU	hüpfen	Fuß, Intervall
X2	曜	YŌ	Wochentag	Tag, Intervall

X3	侵	oka(su) SHIN	in ein Land einfallen	Mensch, eintauchen
X3	浸	hita(ru/su) SHIN	eintauchen einweichen	Wasser, eintauchen
X3	寝	ne(ru/kasu) SHIN	schlafen gehen zum Schlafen bringen	Haus, Seite, eintauchen
X4	掃	ha(ku) SŌ	kehren	Hand, putzen
X4	婦	FU	Hausfrau	Frau, putzen
X5	録	ROKU	Aufzeichnung Aufnahme	Metall, Kupfer
X5	緑	midori RYOKU	grün	Faden, Kupfer
X5	縁	fuchi EN	Rand Beziehung	Faden, ...
X6	唐	kara TŌ	chinesisch T'ang *Dynastie (China)*	Gebäude, Besenstiel, Mund
X6	糖	TŌ	Zucker	Reiskorn, T'ang Dynastie

X6	庸	YŌ	Mittelweg	Gebäude, Besenstiel, benutzen
X6	妻	tsuma SAI	Ehefrau	hoch, Besenstiel, Frau
X7	粛	SHUKU	Disziplinierung Feierlichkeit	Sünde, eins, (zwei) halbieren
X7	康	KŌ	in Frieden und Gesundheit	Sünde, Gebäude
X7	逮	TAI	Jagd	Sünde, Reisender
X7	隷	REI	Sklave	Fachmann, zeigen, Sünde
X8	津	tsu SHIN	Flutwelle	Wasser, Pinsel
X8	律	RITSU	Gesetz Rhythmus	Schritt, Pinsel
X8	筆	fude HITSU	Pinsel	Bambus, Pinsel
X8	建	ta(tsu/teru) KEN	erbaut werden (I), *bauen* (T)	große Schritte, Pinsel

X8	健	suko(yaka) KEN	gesund	Mensch, bauen
X8	書	ka(ku) SHO	schreiben	Pinsel, Tag
X8	事	koto JI	Sache	eins, Mund, Pinsel
X9	兼	ka(neru) KEN	gleichzeitig Unfähigkeit	Graphem
X9	嫌	kira(u) KEN	Abneigung haben	Frau, gleichzeitig
X9	謙	KEN	Bescheidenheit	Worte, gleichzeitig
X9	廉	REN	unbestechlich, billig	Gebäude, gleichzeitig
X10	君	kimi KUN	Du informeller Namenssuffix	Graphem
X10	郡	GUN	Landkreis	Du, Stadtmauer
X10	群	mu(reru), mu(re) GUN	sich versammeln (Schaf)herde	Du, Schafe

X11	争	araso(u) SŌ	sich streiten	Graphem
X11	浄	JŌ	Reinheit	Wasser, Streit
X11	静	shizu(maru/meru) shizu(ka), SEI	still werden beruhigen, still	Streit, blau
Y1	匠	SHŌ	Handwerker	Kasten, Axt
Y1	医	I	Gesundheitskunde	Kasten, Pfeil
Y1	匿	TOKU	versteckt	Kasten, jung
Y1	虐	shiita(geru) GYAKU	mißhandeln	Tiger, Kasten, eins
Y2	区	KU	Einteilung städtischer Bezirk	Graphem
Y2	駆	ka(keru) KU	galoppieren antreiben	Pferd, Einteilung
Y2	枢	SŪ	Achse Drehpunkt	Holz, Einteilung

Y2	欧	Ō	Europa	Einteilung, fehlen
Y2	殴	nagu(ru) Ō	schlagen	Einteilung, zuschlagen
Y3	匹	hiki HITSU	Zählsuffix für Tiere ebenbürtig	Graphem
Y3	甚	hanahada(shii) JIN	*außerordentlich*	Spiel, ebenbürtig
Y3	堪	ta(eru) KAN	ertragen	Erde, außerordentlich
Y3	勘	KAN	Intuition Sinn	außerordentlich, Kraft
Y4	巨	KYO	riesig	Graphem
Y4	拒	koba(mu) KYO	ablehnen Veto	Hand, riesig
Y4	距	KYO	Entfernung	Fuß, riesig
Y5	臣	SHIN JIN	Minister Untertan	Graphem

Y5	姫	hime	Prinzessin	Frau, Minister
Y5	臨	nozo(mu) RIN	angehen	Minister, menschlich, Ware
Y5	蔵	kura ZŌ	*Speicher* aufbewahren	Blume, wachsen, Minister
Y5	臓	ZŌ	innere Organe	Körperteil, Speicher
Y6	覧	KAN	zur Ansicht	Aufsicht, sehen
Y6	監	KAN	*Aufsicht*	Aufsicht, Teller
Y6	艦	KAN	Kriegsschiff	Schiff, Aufsicht
Y6	鑑	KAN	Spiegel, Reflektion	Metall, Aufsicht
Y6	濫	RAN	überschwemmen übermäßig	Wasser, Aufsicht
Y7	堅	kata(i) KEN	solide	massiv, Erde

Y7	賢	kashiko(i) KEN	weise	massiv, Geld
Y7	緊	KIN	fest gespannt	massiv, Faden
Y8	馬	uma BA	Pferd	Graphem
Y8	篤	TOKU	ernsthaft herzlich	Bambus, Pferd
Y8	驚	odoro(ku/kasu) KYŌ	sich wundern (I), jemandem verwundern (T)	respektvoll, Pferd
Y9	己	onore KO, KI	selbst Egoist	Graphem
Y9	忌	i(mu), i(mawashii) KI	verabscheuen abscheulich	Egoist, Herz
Y9	記	shiru(su) KI	aufschreiben	Worte, Egoist
Y9	紀	KI	Bericht	fortlaufend, Egoist
Y9	起	o(kiru/kosu) o(koru), KI	aufstehen, aufwecken (T) passieren	rennen, Egoist

Y9	妃	HI	Königin	Frau, Egoist
Y9	配	kuba(ru) HAI	verteilen	Wein, Egoist
Y9	改	arata(maru/meru) KAI	erneuert werden (I), reformieren (T)	Egoist, Lehrer
Y9	巻	ma(ku), maki KAN	*aufrollen*	Urkunde, Egoist
Y9	圏	KEN	Sphäre Region	eingeschlossen, aufrollen
Y9	港	minato KŌ	Hafen	Wasser, zusammen, Egoist
Y9	遷	SEN	Versetzung	Westen, groß, Egoist, Reisender
Y9	選	era(bu) SEN	wählen	(zwei) Egoist, zusammen Reisender
Y10	包	tsutsu(mu) HŌ	einwickeln	Graphem
Y10	泡	awa HŌ	Blase Schaum	Wasser, einwickeln

Y10	抱	da(ku), kaka(eru) HŌ	umarmen im Arm tragen	Hand, einwickeln
Y10	胞	HŌ	Zelle Schutzhülle	Körperteil, einwickeln
Y10	砲	HŌ	Kanone	Stein, einwickeln
Y10	飽	a(kiru/kasu) HŌ	etwas satt haben, übersättigen	Essen, einwickeln
Y11	弓	yumi KYŪ	Bogen	Graphem
Y11	引	hi(keru/ku) IN	ziehen zurückgezogen	Bogen, halbieren
Y11	湾	WAN	Bucht	Wasser, rosa, Bogen
Y11	弱	yowa(ru), yowa(i) JAKU	schwach werden (I), schwach	(zwei) Bogen, Eis
Y12	弔	tomura(u) CHŌ	Beileid bezeugen	Graphem
Y12	弟	otōto TEI	jüngerer Bruder	Hörner, Beileid, Tropfen

Y12	第	DAI	Präfix für Ordnungszahlen	Bambus, Beileid, Tropfen
Y13	沸	wa(ku/kasu) FUTSU	(Wasser)kochen (I, T) aufkochen	Wasser, aufkochen
Y13	費	tsui(yasu) HI	(Geld, Zeit, Mühe) aufwenden	aufkochen, Geld
Y14	巧	taku(mi) KŌ	geschickt	Handwerk, schmutzig
Y14	朽	ku(chiru) KYŪ	verfaulen vergehen	Baum, schmutzig
Y14	極	kiwa(maru/meru) KYOKU	zum Äußersten gehen Endpunkt	Baum, schmutzig, Mund noch eins, eins
Y14	号	GŌ	Nummer	Mund, schmutzig
Y14	誇	hoko(ru) KO	übertreiben, angeben	Worte, groß, schmutzig
Y14	汚	yogo(reru/su) kitana(i), O	schmutzig machen (T) schmutzig	Wasser, schmutzig
Y15	考	kanga(eru) KŌ	denken	Graphem

Y15	拷	GŌ	Folter	Hand, denken
Y15	襲	oso(u) SHŪ	überfallen	stehen, Körperteil, ..., Kleidung
Y16	与	ata(eru) YO	geben Versorgung	Graphem
Y16	写	utsu(ru/su) SHA	aufgenommen werden (I), kopieren, fotografieren (T)	Decke, geben
Y17	呉	GO	Land im alten China	Graphem
Y17	娯	GO	Vergnügen	Frau, Land im alten China
Y17	誤	ayama(ru) GO	Fehler machen	Worte, Land im alten China
Y17	虞	osore	Furcht	Tiger, Land im alten China
Z1	直	nao(ru/su) CHOKU, JIKI	*reparieren*, korrigieren direkt	zehn, Auge, Winkel
Z1	置	o(ku) CHI, SHI	(hin)stellen in eine Lage bringen	Netz, reparieren

Z1	値	ne, atai CHI	Preis, Wert	Mensch, reparieren
Z1	植	u(waru/eru) SHOKU	pflanzen (T)	Baum, reparieren
Z1	殖	fu(eru/yasu) SHOKU	sich vermehren (I),	sterben, reparieren
Z1	断	kotowa(ru) ta(tsu), DAN	ablehnen, abschneiden Entscheidung	Winkel, Reiskorn, Axt
Z1	継	tsu(gu) KEI	nachfolgen	Faden, Winkel, Reis
Z1	県	KEN	*Präfektur*	Auge, Winkel, klein
Z1	懸	ka(karu/keru) KEN	hängen (T)	Präfektur, Abstammung, Herz
Z2	印	shirushi IN	Zeichen Siegel	Stufe, Siegel
Z2	潟	kata	Strand	Wasser, (zwei) Stufe, einhüllen, Ofenfeuer
Z2	興	oko(ru/su) KŌ, KYŌ	gedeihen (I), wiederbeleben (T), Interesse	Stufe, gleich, Stufe, Hocker

Z2	段	DAN	Stufe, *Treppe*	Stufe, Tropfen, zuschlagen
Z2	鍛	kita(eru) TAN	härten	Metall, Treppe
Z2	暇	hima KA	Freizeit	Tag, ... , noch eins
Z3	非	HI	nicht, ungut negative Bewertung	Graphem
Z3	悲	kana(shimu) kana(shii), HI	traurig sein	negative Bewertung, Herz
Z3	扉	tobira HI	offene Tür	Tür, negative Bewertung
Z3	俳	HAI	Schauspieler	Mensch, negative Bewertung
Z3	排	HAI	ausstoßen ablehnen	Hand, negative Bewertung
Z3	輩	HAI	Alterstufe Kamerad	negative Bewertung, Wagen
Z3	罪	tsumi ZAI	Verbrechen	Netz, negative Bewertung

Z4	不	FU BU	un- Negation des Zustands	Graphem
Z4	否	ina HI	Verneinung	Negation des Zustands, Mund
Z4	杯	sakazuki HAI	Becher Zählsuffix für Gläser	Holz, Negation des Zustands
Z5	無	na(i) MU, BU	nicht sein Negation der Existenz	Negation der Existenz, Ofenfeuer
Z5	舞	ma(u) BU	tanzen	Negation der Existenz, Opposition
Z6	片	kata HEN	einseitig	Graphem
Z6	版	HAN	Druck Verlag	einseitig, Anti
Z7	后	KŌ	Kaiserin	Kreislauf, eins, Mund
Z7	盾	tate JUN	*Schutzschild*	Kreislauf, zehn, Auge
Z7	循	JUN	sich im Kreis drehen	Schritt, Schutzschild

Z7	逓	TEI	Übermittlung eins nach dem anderen	Kreislauf, zwei, Tuch, Reisender
Z7	派	HA	Sekte Fraktion	Wasser, Kreislauf, Kummer
Z7	脈	MYAKU	Vene Ader	Körperteil, Kreislauf, Kummer
Z7	孤	KO	Einsamkeit	Kind, Kreislauf, selbst, Tropfen
Z7	弧	KO	Kreisbogen	Bogen, Kreislauf, selbst, Tropfen
Z8	秀	hii(deru) SHŪ	übertreffen *vortrefflich*	Reispflanze, sensationell
Z8	透	su(ku/kasu) TŌ	durchsehen (I), durchscheinen (T)	vortrefflich, Reisender
Z8	誘	saso(u) YŪ	einladen, verführen	Worte, vortrefflich
Z8	携	tazusa(waru) KEI	sich beteiligen in der Hand haben	Hand, Huhn, sensationell
Z9	及	oyo(bu) KYŪ	erreichen sowohl als auch	Graphem

Z9	吸	su(u) KYŪ	einsaugen lutschen	Mund, erreichen
Z9	級	KYŪ	Rang	fortlaufend, erreichen
Z9	扱	atsuka(u)	behandeln	Hand, erreichen
Z10	幻	maboroshi GEN	Vision Halluzination	Faser, pflegen
Z10	局	KYOKU	Amt	Hinterteil, pflegen, Mund
Z10	司	SHI	*verwalten*	pflegen, eins, Mund
Z10	伺	ukaga(u) SHI	sich erkundigen befragen, besuchen	Mensch, verwalten
Z10	詞	SHI	Satzbausteine Wörter	Worte, verwalten
Z10	飼	ka(u) SHI	züchten	Essen, verwalten
Z10	嗣	SHI	Erbe	Mund, Bücherband, verwalten

Z11	乏	tobo(shii) BŌ	unzureichend	Tropfen, unzureichend
Z11	芝	shiba	Rasen	Blume, unzureichend
Z12	為	I	handeln, etwas tun	Graphem
Z12	偽	itsuwa(ru), nise GI	lügen betrügen	Mensch, handeln
Z13	入	hai(ru), i(reru) NYŪ	hineingehen (I), hineinlegen (T)	Graphem
Z13	込	ko(mu/meru)	sich drängen vollbesetzt sein	hineingehen, Reisender
Z14	逆	saka(rau) GYAKU	sich widersetzen umgekehrt	umgekehrt, Reisender
Z14	塑	SO	modellieren	umgekehrt, Mond, Erde
Z15	敢	KAN	mutig	Graphem
Z15	厳	kibi(shii) GEN	streng	ansammeln, Abhang, mutig

Z16	身	mi SHIN	Körper sich selbst	Graphem
Z16	射	i(ru) SHA	*schießen*	Körper, in der Nähe
Z16	謝	ayama(ru) SHA	sich entschuldigen	Worte, schießen
Z16	窮	kiwa(maru/meru) KYŪ	enden (I), enden lassen (T)	Luftloch, Körper, Bogen
Z17	慶	KEI	Gratulation	hübsch, eins, Herz, marschieren
Z17	薦	susu(meru) SEN	empfehlen	Blume, hübsch, schmutzig, Ofenfeuer
Z17	麗	uruwa(shii) REI	hübsch	..., hübsch, vergleichen
Z18	帰	kae(ru/su) KI	zurückkehren entlassen	Langschwert, putzen
Z18	班	HAN	Truppe Gruppen anführen	König, Langschwert, König
Z19	幣	HEI	Papiergeld	Papiergeld, Tuch

Z19	弊	HEI	ungut	Papiergeld, flexibel
Z20	隔	heda(taru/teru) KAKU	dazwischenliegen	Festung, Wassergraben
Z20	融	YŪ	schmelzen	Wassergraben, Insekt
Z21	世	yo SEI, SE	Zeitalter	Graphem
Z21	葉	ha YŌ	Blatt	Blume, Zeitalter, Baum
Z21	華	hana KA	Blume China	Blume, ...
Z22	憂	ure(eru), ure(i) YŪ	klagen, *Besorgnis*	betrübt, Herz, marschieren
Z22	優	sugu(reru) yasa(shii), YŪ	übertreffen freundlich, sanft	Mensch, Besorgnis
Z22	寡	KA	allein	Haus, betrübt, Messer
Z23	修	osa(maru/meru) SHŪ	ausgebildet werden	Mensch, halbieren, Lehrer, Form

Z23	面	omote tsura, MEN	Gesicht Oberfläche	...
Z23	互	taga(i) GO	gegenseitig	...
Z23	瓶	BIN	Flasche	Hörner, mit beiden Händen, ...
Z23	繭	mayu KEN	Kokon	Blume, Hohlraum, Faden, halbieren, Insekt
Z23	璽	JI	kaiserliches Siegel	eins, Tierbeine, (vier) Schere, Hohlraum, Edelstein
Z23	凸	TOTSU	Konvex	...
Z23	凹	Ō	Konkav	...

Register nach Graphembedeutungen

10 Tage	S6
10.000	S9
90 Grad Winkel	N21
Abend	S17
Abhang	BG1
Absicht	I1
Abstammung	Q17
absteigen	A1
acht	T14
Adler	H9
Ähnlichkeit	L15
alle	N11
allgemein	I10
Almosen	D7
alt	F3
Altar	LI12
älterer Bruder	B7
anbrennen	G14
Anführer	B9
Angel	L17
angreifen	W4
anhalten	O1
ankommen	Q6
ansammeln	OB9
anstacheln	S25
Anti	R9
arbeiten	E3
arbeitende Person	I7
Armee	L5
Asche	A7
Asien	I11
Atem	C16
Aufforderung	I17
aufkochen	Y13
aufreihen	I10
aufrichtig	C19
aufrollen	Y9
Aufsicht	Y6
aufsteigen	A4
aufwachsen	I13
aufziehen	Q9
Auge	C13
ausdehnen	U5
ausgetrocknet	S7
auslaufen	T16
außerhalb	P15
außerordentlich	Y3
äußerst	R2
Aussicht	M3
Austausch	S1
Auszeichnung	L3
Axt	A20
baden	T17
Bambus	H11
Bambus	OB7
Bart	L12
bauen	X8
Baum	J1

Holz	J1
Baum	LI16
Beamter	B10
Bedarf	L12
Befehl	T8
Begabung	Q3
Behälter	T17
Behörde	G7
beide	L6
Beileid	Y12
Beine	UN2
benutzen	L16
beraten	M19
Berg	A4
Bericht	D11
Beschützer	P16
Besen	X1
Besenstiel	X6
betrübt sein	Z22
beugen	D8
Beurteilung	R5
bewachen	E10
bewahren	J1
bewegen	G3
Billion	N14
blau	I15
Blitz	N19
Blume	OB6
Blumenstrauß	K1
Blut	A14
Bogen	LI9
Bogen	Y11
Bohne	B6
brauchen	I12
brechen	A20
breit	Q4
Brunnen	K9
Bücherband	L19
Bündel	J11
Dach	T2
Dachbalken	J12
Dämon	Q11
dazugehören	U1
dazwischen	T3
Decke	L1
denken	Y15
Dieb	F13
Drache	N19
drehen	B1
drei	A2
drittklassig	L7
Du	X10
dunkel	Q15
durchdringen	C19
ebenbürtig	Y3
edel	C19
Edelstein	I17
Egoist	Y9

Ehemann	V15
eigen	W7
Eimer	F2
ein wenig	A13
ein gewisses	K7
einfach	D13
eingequetscht	V19
eingeschlossen	BG6
einhüllen	S3
eins von beiden	R4
eins	A1
einseitig	Z6
Einsiedler	A4
eintauchen	X3
Einteilung	Y2
einwickeln	Y10
Eis	LI1
Empfindung	W10
Ende	J8
entkommen	S2
Entscheidung	V17
entspannt	A11
entstehen	T1
Entwicklung	Q8
Erde	I3
Erde	FR6
Erdhügel	I5
Erledigung	S23
ermahnen	W4
erreichen	Z9
ersetzen	W3
erstmalig	M16
erstrangig	D10
ertragen	A10
essen	T7
essen	LI20
Ewigkeit	P2
existieren	V4
Fachmann	I1
Faden	LI14
Faden	Q16
fahren	G9
familiär	S14
Familie	P11
Faser	Q13
Feder	A22
fehlen	S15
fest	C9
Fest	R5
festsetzen	O6
Festung	LI8
fett	V9
Feuer	A7
Fisch	D4
flach	F9
Flamme	A7
Flasche	G13
Fleisch	L7

Mann	D1
Mantel	LI13
Markt	M4
marschieren	S23
Maß	U3
massiv	Y7
melden	H2
Menge	D12
Mensch	A3
Mensch	LI5
Menschengruppe	M12
menschlich	OB11
Merkmal	N23
Messer	A10
Metall	LI21
Metall	T5
Militär	W2
Minister	Y5
mit beiden Händen	K2
Mitarbeiter	C19
Mitleid	P5
Mittag	H8
Mitte	B12
Mittelpunkt	B15
Mittelweg	B14
Möglichkeit	E4
Monat	RE8
Mond	RE8
Mond	L14
Monat	L14
Morgen	F6
Mund	B1
mutig	Z15
Mutter	A16
Nachkommen	N11
nächste	S16
Nacht	S23
Name	S19
Nase	C16
Nebel	F6
Negation des Zustands	Z4
Negation der Existenz	Z5
negative Bewertung	Z3
nehmen	R2
Netz	OB8
neun	N20
niedrig	P12
niemals	S8
noch nicht	J7
noch eins	R1
nochmals	L20
Norden	N12
normal	L24
Nummer	G5
Oberfläche	P5
Oberschicht	L3
Objekt	S11
Ofenfeuer	UN4
öffentlich	T15
Offizier	U1
Ohr	A6
Onkel	R3
opfern	V21
Opposition	S18
ordnungsgemäß	O10
Osten	J12
Papiergeld	Z19
parallel	M8
passen	T10
Pavillon	M2
Pfeil	H7
Pferd	LI22
Pferd	Y8
pflegen	Z10
Pflicht	G6
pflücken	J2
Phrase	S5
Pinsel	X8
Präfektur	Z1
Profit	G4
Provinz	O13
Punkt	FR1
putzen	X4
Quelle	P1
rasend	M5
rechts	V1
Reform	K5
Regel	C20
Regen	OB12
Regierungssitz	E11
Reihe	S21
Reisender	BG4
Reisfeld	D1
Reiskorn	J10
Reiskorn	LI7
Reispflanze	LI6
Reispflanze	G4
Religion	E7
rennen	O9
reparieren	Z1
respektvoll	S5
Restaurant	M2
richtig	O5
Richtung	M6
riesig	Y4
riskieren	C13
rosa	M10
rot	I4
Rückhalt	W10
Rückzug	Q7
rund	N22
Sache	V11
Satz	M14
Schaden	I13
Schaf	F10
Schafwolle	I19
scharf	M17
Schere	A18
schießen	Z16
Schiff	L22
Schlange	N24
Schluß	E2
schmutzig	Y14
schneiden	N15
schon vergangen	N8
Schöpfkelle	S4
Schranke	F12
Schritt	G11
Schulhaus	L2
Schüssel	A19
Schutzschild	Z7
schwarz	D12
Schweinebauch	S11
schwer	G3
Schwert	RE2
schwierig	V16
sehen	C18
sehr viel	FR2
seicht	W12
Seite	LI4
selbst	Q1
seltsam	E5
sensationell	Z8
Setzling	D2
Sex	N24
sich biegen	U1
sich erholen	V12
sich verlassen auf	J11
sich unterscheiden	K12
sieben	N15
Siegel	RE4
Sklave	R8
Skorpion	L13
sofort	C9
Soldat	A21
Sonne	LI23
Sonne	C1
Sonnenaufgang	C2
Speer	E3
Speicher	Y5
Speisekammer	U6
Spezial	E13
Spiel	K8
stabil	V5
Stadtmauer	RE3
Stahl	L11
Stalltiere	Q15
standfest	M20
stehen	M11
Steigerung	P14
Stein	A5
sterben	S20
Stoßzahn	E6
Strafe	K2

Straße	S26
streichelnde Hand	OB10
Streit	X11
Struktur	L21
Stufe	Z2
Süden	L6
Sünde	X7
süß	K6
System	H1
T'ang Dynastie	X6
Tag	C1
Tag	LI23
Tal	T17
tanzen	O7
Tatsache	V21
tausend	G1
Teil	T14
Teller	A14
Tempel	E12
Teufel	B8
Text	M7
Tierbeine	UN1
Tiger	N16
Tisch	L23
Ton	M13
Tor	C8
Trauer	P8
treffen	T2
Treppe	Z2
Trichter	N25
trocknen	F7
trommeln	F8
Tropfen	FR1
Tuch	FR5
Tür	U4
typisch	OB3
Ubel	A19
überprüfen	T11
übriglassen	T4
Umgebung	L9
umgekehrt	Z14
umstellen	T12
Untergebener	I14
Unterkunft	C7
unzureichend	Z11
Urkunde	V20
Ursache	N6
Ursprung	C6
Vater	A17
veraltet	C4
Verantwortung	I16
verborgen	V10
Verbot	J4
vergehen	Q7
vergleichen	N11
verkaufen	L4
verkehren	M9
verlängern	O3
verlieren	H6
verschnürt	OB4
versinken	N8
versprechen	I13
verstärken	Q14
verstorben	M5
vertikal	R7
verwalten	Z10
verwandeln	N10
verwunden	W5
viel	S17
viele Sorten	K4
Vogel	C11
Vogelnest	J3
Volk	P13
Vollendung	N6
von sich fernhalten	A20
vorher	H3
Vorname	C10
vortrefflich	Z8
vulgär	F2
Vulkan	T1
Wachhund	LI10
wachsen	W9
Waffe	W4
Wagen	C12
Wahrheit	T18
wahrsagen	B3
Ware	B1
was?	E4
Wasser	P1
Wasser	LI2
Wassergraben	Z20
Webstuhl	W6
Weg	C17
Wein	LI19
Wein	N7
weiß	C5
weit	P4
Welle	R11
werden	W11
Werkzeug	T18
wesentlich	N13
Westen	I12
wieder	V8
wiederholen	S24
wieviel?	W4
Wildschwein	S13
Wille	M15
Wind	L23
Winkel	Z1
Winter	S23
wissen	H7
Wohlstand	D3
Wohnsitz haben	U1
Wolke	Q5
Wolle	N17
Worte	LI17
Worte	B2
Wünschelrute	FR4
wüten	P3
Zähne	O1
zehn	F1
zeigen	E7
Zeitalter	Z21
Zeitspanne	C3
Zentrum	V18
Zeremonie	W1
Zettel	I12
zinnoberrot	H5
zittern	P10
zunehmen	D5
Zunge	G2
zurückkehren	U4
zusammen	K12
zusammengefaltet	S24
zusätzlich	C15
zuschlagen	R6
zwei	A2
zweifeln	Q7
Zweig	R10
zweitklassig	N2
Zwischenraum	C8

Register nach Strichzahlen

1: 丶FR1 丨FR3 一A1 乚N1 乙N2 𠃊Z1 亅Z10

2: 八UN1 儿UN2 刂RE2 卩RE4 𠂉OB11 丷OB3 ⺈OB4 冫LI1 亻LI5 辶BG4
卜FR4 厂BG1 二A2 人A3 力A9 刀A10 乂A18 凵A19 丁E1 了E2 十F1
冖L1 冂L6 几L23 亠M1 七N15 匕N9 九N20 㔾N23 厶Q1 又R1 勹S3
八T14 𠆢T2 𠂇V5 匚Y1 丂Y14 ⺁Z7 乃Z8 入Z13 丬Z18

3: 彡RE1 阝RE3 䒑OB1 ⺍OB2 宀OB5 艹OB6 犭LI10 扌LI11 氵LI2 忄LI3 丬LI4 阝LI8 弓LI9 巾FR5 土FR6 大FR7 广BG2 廴BG5 ⺍OB9 囗BG6 山A4 川A8 女A11 小A12 子A15 口B1 于E8 才E9 寸E10 干F7
千G1 彳G11 士I1 土I3 工I8 廾K3 凡L24 亡M5 尢N8 丸N22 也N25
幺Q13 夕S17 久S22 夂S23 勺S4 万S9 六T18 尸U1 𠂇V4 大V9 弋W1
彐X1 己Y9 弓Y11 与Y16 及Z9 之Z11

4: ⺼UN5 心UN3 灬UN4 攵RE5 月RE8 ⺮OB10 礻LI12 𤣩LI15 木LI16 日LI23 月LI24 㐅FR2 火A7 少A13 父A17 斤A20 中B12 日C1 斗F2 丰F12
壬G6 手G8 升G13 牛H1 午H8 五I9 龶I13 王I17 木J1 开K2 廿K4 龷K10
井K9 月L14 円L18 内L4 方M6 文M7 心N3 元N6 化N10 比N11 毛N17 屯N18 卆N21 巴N24 止O1 水P1 氏P11 卬P16 ⺢P4 氺P5 氺P8
云Q5 𠫓Q8 支R10 殳R6 反R9 欠S15 歹S20 勿S8 公T15 介T3 今T9
尺U3 戸U4 犬V11 天V13 夫V15 夬V17 丰V22 友V6 弋W2 戈W4 ⺕X6 弔Y12 区Y2 匹Y3 𠂉Z2 不Z4 片Z6

5: 罒OB8 衤LI13 禾LI6 疒BG3 石A5 皿A14 母A16 丘A21 占B3
加B4 召B5 兄B7 㠯B10 串B14 目C13 且C15 旦C2 旧C4 白C5
田D1 由D6 甲D10 申D11 矛E3 可E4 牙E6 示E7 付E11 半F11 古F3
平F9 禾G4 生H4 失H6 矢H7 乍H10 主I18 本J6 未J7 末J8 朮J9
冄K1 甘K6 用L16 冊L19 ⺍L2 𠮛M2 市M4 立M11 必N4 宂N5
北N12 电N19 正O5 疋O6 𤴔O7 氐P12 民P13 以P14 卯P15 永P2
玄Q15 台Q2 広Q4 去Q7 圣R7 奴R8 皮R11 句S5 癶T1 令T8 㕣T16
右V1 布V3 史V7 央V18 𡗗V21 代W3 戊W9 包Y10 弗Y13 巨Y4
世Z21

6: ⺮OB7 糹LI14 米LI7 耳A6 羽A22 𠂤B9 虫B13 亘C3 百C7 艮C9
自C16 亩D7 曲D8 寺E12 羊F10 早F5 舌G2 行G12 先H3
朱H5 竹H11 西I12 ⺶I19 吉I2 圭I5 米J10 共K12 同L8 而L12
再L20 舟L22 交M9 亦M10 产M18 冋M19 产M20 旨N13 兆N14 虍N16
衣P7 至Q6 充Q10 亥Q12 丝Q14 糸Q16 旬S6 次S16 名S19 列S21
各S26 合T10 有V2 关V14 夹V19 龹V20 𢦏W5 戌W10 成W11 戋W12
争X11 聿X8 考Y15 屰Z14

7: 𧾷 LI18 酉 LI19 呂 B11 串 B15 言 B2 豆 B6 兑 B8 良 C10 鸟 C11 車 C12
見 C18 貝 C19 里 D12 廷 G7 告 H2 亜 I11 赤 I4 孝 I6 束 J11 売 L4 肖 L15
甫 L17 訁 LI17 辛 M17 酉 N7 足 O8 走 O9 辰 P10 求 P3 系 Q17 豕 S11
舛 S18 夋 S25 余 T4 谷 T17 更 V8 我 W7 君 X10 𠬶 X3 呉 Y17 臣 Y5
身 Z16 产 Z17 釆 G5

8: 隹 RE7 ⻗ OB12 飠 LI20 釒 LI21 門 C8 果 D14 苗 D2 奇 E5 固 F4 卓 F6
垂 G10 隹 G14 並 I10 青 I15 者 I7 采 J2 林 J4 東 J12 其 K8 昔 K11 周 L9 尚 L3
岡 L11 咅 M12 京 M3 斉 M8 歩 O2 延 O3 長 P9 育 Q9 取 R2 叔 R3 免 S2
曷 S7 金 T5 舎 T6 矣 T11 侖 T13 帚 X4 彔 X5 隶 X7 非 Z3 無 Z5 亞 Z22

9: 頁 RE6 相 C14 首 C17 則 C20 畐 D3 単 D13 専 E13 䍃 F8 重 G3 乗 G9
革 K5 某 K7 禺 L13 軍 L5 音 M13 亲 M16 卸 O4 是 O10 奐 S1 昜 S10
㒸 S13 复 S24 食 T7 俞 T12 扁 U5 臤 Y7 為 Z12 咼 L10

10: 馬 LI22 原 C6 韋 F13 堇 I14 冓 L21 鬼 Q11 能 Q3 隻 R4 家 S12 倉 U6
莫 V10 莫 V16 兼 X9 𦣝 Y6 馬 Y8 鬲 Z20

11: 魚 D4 曽 D5 曹 D9 隺 H9 責 I16 麻 J5 章 M14 祭 R5

12: 尞 V12 戠 W6 敢 Z15 敝 Z19

13: 喿 J3 意 M15 襄 P6 辟 U2 義 W8 貇 S14

14: 翟 X2

Register nach Graphemen

LI1 准 G14 凍 J12 凝 O7 冬 S23 均 S4 寒 T18 冷 T8 尽 U3 弱 Y11

LI2 浮 A15 海 A16 浜 A21 淡 A7 沖 B12 沼 B5 況 B7 温 C1 浪 C10 漸 C12 測 C20 泊 C5 源 C6 潤 C8 漁 D4 油 D6 演 D6 簿 E13 薄 E13 河 E4 汁 F1 洋 F10 湖 F3 潮 F6 汗 F7 準 G14 活 G2 藩 G5 洗 H3 湿 I10 漂 I12 清 I15 漬 I16 注 I18 涯 I5 江 I8 瀬 J11 藻 J3 洪 K12 滞 L1 滑 L10 渦 L10 消 L15 浦 L17 溝 L21 満 L6 洞 L8 泣 M11 滴 M19 涼 M3 激 M6 済 M8 混 N11 滝 N19 汽 N2 染 N20 池 N25 泌 N4 深 N5 酒 N7 沈 N8 淡 O1 渉 O2 濃 P10 泳 P2 滋 Q14 潔 Q16 治 Q2 法 Q7 流 Q8 漫 R1 渡 R1 波 R11 淑 R3 没 R6 婆 R11 湯 S10 液 S23 落 S26 濁 S3 渇 S7 澄 T1 沿 T16 溶 T17 浴 T17 漆 T2 塗 T4 泥 U1 漏 U1 沢 U3 涙 U4 漠 V10 添 V13 潜 V15 渓 V15 漢 V16 決 V17 減 W10 滅 W10 浅 W12 浄 X11 濯 X2 浸 X3 津 X8 泡 Y10 湾 Y11 沸 Y13 汚 Y14 濫 Y6 港 Y9 潟 Z2 派 Z7

LI3 悔 A16 悩 A19 悦 B8 慣 C19 恒 C3 恨 C9 憎 D5 導 E10 悼 F5 性 H4 荘 I1 情 I15 悟 I9 憤 K1 惜 K11 憶 M15 忙 M5 慌 M5 装 P7 慨 N8 懐 P7 惨 Q1 慢 R1 怪 R7 愉 T12 慎 T18 快 V17 怖 V3 惰 V5 憾 W10

LI4 将 E10 壮 I1 状 V11 寝 X3

LI5 侮 A16 仁 A2 仙 A4 仲 B12 信 B2 偵 C19 但 C2 側 C20 伯 C5 縮 C7 宿 C7 伸 D11 僧 D5 侍 E12 荷 E4 何 E4 伴 F11 偉 F13 個 F4 賃 G6 働 G3 催 G14 任 G6 件 H1 作 H10 侯 H7 仕 I1 価 I12 債 I16 住 I18 佳 I5 保 J1 休 J1 体 J6 借 K11 供 K12 併 K2 儒 L12 偶 L13 備 L16 償 L3 位 M11 倍 M12 億 M15 億 M15 傍 M18 停 M2 倣 M6 他 N25 悠 N3 促 O8 低 P12 似 P14 仰 P16 褒 P5 俵 P5 依 P7 仏 Q1 係 Q17 伝 Q5 倒 Q6 仮 R9 傷 S10 像 S11 傑 S18 例 S21 夜 S23 俊 S25 倹 T11 倫 T13 俗 T17 偏 U5 伏 V11 僚 V12 僕 V15 佐 V5 使 V7 俸 V21 便 V8 閥 W4 伐 W4 儀 W8 侵 X3 健 X8 値 Z1 俳 Z3 伺 Z10 偽 Z12 優 Z22 修 Z23

LI6 称 A12 秒 A13 秋 A7 和 B1 税 B8 租 C15 稲 C4 穂 D7 科 F2 稚 G14 種 G3 利 G4 秩 H6 積 I16 程 I17 稿 M2 秘 N4 私 Q1 穫 R4 稼 S12 移 S17 穏 X1

LI7 粘 B3 粗 C15 糧 D12 料 F2 精 I15 粧 I3 粒 M11 粋 N21 粉 T14 糖 X6

LI8 陣 C12 阻 C15 陥 C4 限 C9 附 E11 陸 I3 陳 J12 隅 L13 陪 M12 障 M14 防 M6 階 N11 陛 N11 院 N6 際 R5 陽 S10 隊 S13 墜 S13 隣 S18 降 S23 隆 S23 陵 S25 陶 S3 険 T11 除 T4 陰 T9 堕 V2 随 V2 隠 X1 隔 Z20

LI9 弾 D13 張 P9 強 Q1 弦 Q15 弱 Y11 引 Y11 弧 Z7

LI10 猛 A15 独 B13 猫 D2 狩 E10 狂 I17 猟 L23 犯 N23 猶 N7 猿 P4 獲 R4 獄 V11 狭 V19

LI11 抄 A13 逝 A20 折 A20 哲 B1 誓 B2 拙 A4 拓 A5 摂 A6 拐 B1 招 B5 損 C19 担 C2 拍 C5 押 D10 描 D2 抽 D6 打 E1 持 E12 拝 F10 揺 F8 推 G14 括 G2 挿 G3 掛 I5 採 J2 操 J3 抹 J8 措 K11 捕 L17 揮 L5 抗 M1 接 M11 摘 M19 批 N11 指 N13 挑 N14 把 N24 探 N5 控 N5 搾 N5 提 O10 擬 O7 振 P10 抵 P12 抑 P16 払 Q1 擁 Q13 拡 Q4 撤 Q9 擦 R5 捜 R1 授 R1 投 R6 搬 R6 技 R10 披 R11 撮 R2 換 S1 揚 S10 拠 S23 拘 S5 掲 S7 拾 T10 搭 T10 捨 T6 据 U1 掘 U1 握 U1 択 U3 扶 V15 撲 V15 挟 V19 援 V6 抜 V6 掃 X4 抱 Y10 拷 Y15 拒 Y4 排 Z3 携 Z8 扱 Z9

LI12 祈 A20 祝 B7 祖 C15 視 C18 神 D11 禅 D13 福 D3 祥 F10 社 I3 禍 L10 礼 N1 祉 O1

LI13 初 A10 裸 D14 襟 J4 補 L17 複 S24 褐 S7 被 R11 裕 T17

LI14 絹 B1 紹 B5 組 C15 綿 C5 縮 C7 細 D1 紳 D11 縛 E13 緯 F13 糾 F2 績 I16 繕 I19 結 I2 緒 I7 紅 I8 練 J12 繰 J3 紺 K6 綱 L11 繞 L4 納 L7 締 M18 網 M5 紡 M6 紋 M7 絞 M9 純 N18 縄 N19 絶 N24 縦 O6 線 P1 紙 P11 統 Q10 維 Q16 経 R7 終 S23 縫 S23 絡 S26 約 S4 給 T10 紛 T14 総 T15 絵 T2 編 U5 緩 V6 繊 W5 織 W6 緑 X5 縁 X5 紀 Y9 継 Z1 級 Z9

LI15 現 C18 理 D12 珠 H5 球 P3 環 P4 珍 T2 班 Z18

LI16 桜 A11 梅 A16 析 A20 棺 B10 根 C9 槽 D9 村 E10 材 E9 枯 F3 株 H5 権 H9 標 I12 柱 I18 樹 I2 枚 J1 朴 J1 杉 J1 楼 J10 棟 J12 欄 J12 横 K10 棋 K8 棚 L14 構 L21 机 L23 柄 L7 檀 M1 校 M9 札 N1 桃 N14 枠 N21 概 N8 柳 P16 様 P3 核 Q12 枝 R10 板 R9 格 S26 栓 T2 検 T11 松 T15 模 V10 橋 V13 棒 V21 桟 W12 機 W4 械 W4 朽 Y14 極 Y14 枢 Y2 植 Z1 杯 Z4

LI17 認 A10 訴 A20 談 A7 訓 A8 詔 B5 説 B8 課 D14 訂 E1 討 E10 詩 E12 計 F1 詳 F10 謡 F8 評 F9 誰 G14 話 G2 詐 H10 許 H8 誌 I1 譜 I10 謹 I14 請 I15 詰 I2 諸 I7 語 I9 謀 K7 講 L21 読 L4 調 L9 訪 M6 託 N15 誕 O3 証 O5 詠 P2 譲 P6 該 Q12 護 R4 設 R6 諮 S16 謁 S7 諭 T12 論 T13 訟 T15 診 T2 訳 U3 諾 V1 試 W1 誠 W11 識 W6 議 W8 謙 X9 誇 Y14 誤 Y17 記 Y9 詞 Z10 謝 Z16 誘 Z8

LI18 踊 L16 跡 M10 跳 N14 踏 P1 路 S26 践 W12 躍 X2 距 Y4

LI19 酬 A8 酢 H10 酷 H2 酵 I6 酔 N21 醸 P6 醜 Q11 酸 S25 酪 S26 酌 S4 配 Y9

LI20 館 B10 飢 L23 飯 R9 飲 S15 飾 T7 餓 W7 飽 Y10 飼 Z10

LI21 鋭 B8 鎖 C19 銀 C9 針 F1 錘 G10 銑 H3 鉄 H6 錬 J12 鉢 J6 錯 K11 鋼 L11 銅 L8 鐘 M11 鏡 M13 鈍 N18 錠 O6 銃 Q10 鉱 Q4 銘 S19 釣 S4 鉛 T16 鎮 T18 鈴 T8 鋳 V22 銭 W12 録 X5 鑑 Y6 鍛 Z2

LI22 騎 E5 駐 I18 騒 R1 験 T11 駅 U3 駄 V9 駆 Y2

LI23 昭 B5 時 E12 晴 I15 昨 H10 暁 K1 明 L14 暗 M13 晩 S2 映 V18 暖 V6 曜 X2 暇 Z2

LI24 脱 B8 服 R1 脳 A19 胆 C2 肝 F7 腰 I12 膨 I2 肌 L23 胴 L8 肺 M4 肪 M6 脂 N13 肥 N24 脹 P9 胎 Q2 脚 Q7 肢 R10 腸 S10 豚 S11 腕 S17 腹 S24 胸 S3 膜 V10 朕 V14 勝 V20 謄 V20 騰 V20 臓 Y5 胞 Y10 脈 Z7

RE1 膨 I2 杉 J1 彩 J2 形 K2 彫 L9 彰 M14 顔 M20 影 M3 参 Q1 惨 Q1 珍 T2 診 T2 髪 V6 修 Z23

RE2 刈 A18 罰 B2 副 D3 判 F11 刊 F7 利 G4 痢 G4 剰 G9 制 H1 割 I13 刑 K2 刺 L1 剛 L11 前 L14 削 L15 剖 M12 剤 M8 倒 Q6 刻 Q12 到 Q6 劇 S11 別 S9 剣 T11 刷 U1 創 U6

RE3 廊 C10 郎 C10 邪 E6 郵 G10 都 I7 部 M12 郭 M2 郊 M9 邸 P12 郷 Q13 響 Q13 邦 V22 郡 X10

RE4 即 C9 却 Q7 節 C9 脚 Q7 報 R1 服 R1 印 Z2

RE5 敏 A16 敗 C19 務 E3 霧 E3 故 F3 牧 H1 徴 I17 赦 I4 教 I6 攻 I8 枚 J1 数 J10 散 K10 敵 M19 激 M6 敷 M6 放 M6 悠 N3 微 N6 政 O5 整 O5 救 P3 繁 Q16 致 Q6 撤 Q9 徹 Q9 敬 S5 警 S5 啓 U4 驚 Y8 改 Y9 弊 Z19 幣 Z19 修 Z23

RE6 煩 A7 順 A8 頭 B6 願 C6 頂 E1 預 E2 顕 I10 項 I8 類 J10 頼 J11 瀬 J11 顔 M20 傾 N10 頑 N6 題 O10 頻 O2 額 S26 頒 T14 領 T8 顧 U4

RE7 雅 E6 誰 G14 稚 G14 准 G14 推 G14 唯 G14 雑 N20 雌 O1 離 Q1 維 Q16 難 V16 雄 V5

RE8 朗 C10 湖 F3 朝 F6 潮 F6 期 K8 明 L14 棚 L14

OB1 膨 I2 樹 I2 喜 I2 業 J7 併 K2 前 L14 南 L6 網 M5 従 O6 慈Q14 滋 Q14 磁 Q14 鼓 R10 益 T18 塀 U1 弟 Y12 瓶 Z23

OB2 光 A1 称 A12 x. A12 鎖 C19 原 C6 肖 L15 尚 L6 京 M3 斎 M8 従 O6 縦 O6 当 X1 歳 W10 県 Z1

OB3 勇 D1 予 E2 通 L16 痛 L16 踊 L16 疑 O7 擬 O7 凝 O7

OB4 負 C19 陥 C4 衡 G12 角 L18 危 N23 色 N24 絶 N24 象 S11 急 X1

OB5 安 A11 案 A11 字 A15 管 B10 館 B10 棺 B10 官 B10 宮 B11 宴 C1 宜 C15 賓 C19 宣 C3 宿 C7 縮 C7 富 D3 演 D6 宙 D6 寧 E1 貯 E1 守 E10 寄 E5 宗 E7 崇 E7 宇 E8 狩 E10 確 G14 審 G5 害 I13 憲 I13 割 I13 轄 I13 宝 I17 寛 K3 宵 L15 宰 M17 宅 N15 密 N4 完 N6 院 N6 蛇 N9 定 O6 錠 O6 室 Q6 寂 R3 察 R5 腕 S17 客 S26 額 S26 穴 T14 容 T17 寒 T18 寮 V12 実 V21 寝 X3 寡 Z22

OB6 薬 C5 菓 D14 荷 E4 芽 E6 芋 E8 薄 E13 苦 F3 草 F5 菌 G4 薫 G3 藩 G5 荘 I1 著 I7 菜 J2 藻 J3 備 L16 満 L6 慌 M5 荒 M5 芳 M6 薪 M16 花 N10 蒸 P1 芸 Q5 蓄 Q15 穫 R4 獲 R4 護 R4 茎 R7 警 S5 夢 S17 葬 S20 落 S26 菊 S3 敬 S5 塔 T10 搭 T10 茶 T2 若 V1 諾 V1 英 V18 茂 W9 匿 Y1 蔵 Y5 臓 Y5 驚 Y8 芝 Z11 薦 Z17 華 Z21 葉 Z21 繭 Z23

OB7 筋 A9 管 B10 箱 C14 簡 C8 節 C9 笛 D6 符 E11 等 E12 簿 E13 箇 F4 籍 K11 算 K3 策 L1 築 L24 筒 L8 範 N23 答 T10 笑 V13 筆 X8 第 Y12 篤 Y8

OB8 罰 B2 買 C19 寧 E1 爵 E10 聴 F1 徳 G11 憲 I13 署 I7 環 P4 還 P4 壊 P7 懐 P7 羅 Q16 罷 Q3 慢 R1 漫 R1 夢 S17 濁 S3 置 Z1 罪 Z3

OB9 桜 A11 悩 A19 脳 A19 巣 D14 猟 L23 挙 T18 誉 T18 獣 V11 厳 Z15

OB10 妥 A11 浮 A15 稲 C4 爵 E10 将 E10 奨 E10 採 J2 乳 N1 受 R1 授 R1 瞬 S18 愛 S23 鶏 V15 渓 V15 緩 V6 援 V6 暖 V6 穏 X1 隠 X1

OB11 毎 A16 海 A16 悔 A16 梅 A16 侮 A16 敏 A16 称 A12 塩 B1 年 F12 遊 M6 旗 M6 族 M6 汽 N2 気 N2 乾 N2 施 N25 旋 O7 旅 P4 繁 Q16 傷 S10 飾 T7 臨 Y5

OB12 霜 C14 雷 D1 霧 E3 霊 I10 需 L12 儒 L12 電 N19 震 P10 雲 Q5 曇 Q5 露 S26 雰 T14 零 T8 雪 X1

UN1 兵 A21 典 D8 黄 K10 共 K12 璽 Z23

UN2 光 A1 四 B1 児 C4 克 F3 陸 I3 焼 K1 暁 K1 党 L3 鏡 M13 境 M13 商 M19 勢 N22 熱 N22 深 N5 探 N5 微 N6 元 N6 陵 S25 発 T1

UN3 忍 A10 愁 A7 忠 B12 患 B15 想 C14 息 C16 思 D1 恵 D7 志 I1 悪 I11 懲 I17 恭 K12 愚 L13 恐 L24 恋 M10 忘 M5 悠 N3 窓 Q1 慈 Q14 怠 Q2 態 Q3 怒 R8 懇 S14 念 T9 慰 U1 慕 V10 添 V13 恩 V9 感 W10 惑 W4 急 X1 忌 Y9 懸 Z1 悲 Z3

UN4 点 B3 照 B5 鳥 C11 鳴 C11 黒 D12 墨 D12 焦 G14 礁 G14 薫 G3 勲 G3 煮 I7 庶 K4 遮 K4 熟 N22 窯 N5 熱 N22 蒸 P1 烈 S21 然 V11 燃 V11 黙 V11 潟 Z2 無 Z5 薦 Z17

UN5 脅 A9 胃 D1 骨 L10 背 N12 肯 O1

BE1 灰 A7 炭 A7 厚 C1 厘 D12 岸 F7 圧 I3 涯 I5 暦 J4 備 L16 厄 N23 危 N23 歴 O1 励 S9 厳 Z15

BE2 座 A3 店 B3 廊 C10 庫 C12 庁 E1 府 E11 序 E2 庭 G7 粧 I3 床 J1 席 K4 庶 K4 遮 K4 応 N3 底 P12 度 R1 渡 R1 廃 T1 庸 X6 唐 X6 康 X7 廉 X9

BE3 痘 B6 痢 G4 痴 H7 疾 H7 痛 L16 病 L7 症 O5 疲 R11 疫 R6 癒 T12 癖 U2 療 V12

BE4 辺 A10 逝 A20 近 A20 巡 A8 追 B9 遣 B14 連 C12 道 C17 遺 C19 迫 C5 退 C9 遭 D9 導 E10 達 F10 違 F13 進 G14 造 H2 迭 H6 迷 J10 速 J11 述 J9 遮 K4 過 L10 遇 L13 運 L5 週 L9 通 L16 適 M19 遊 M6 逃 N14 迅 N2 遵 N7 迎 P16 還 P4 遠 P4 返 R9 選 Y9 逐 S11 遂 S13 逸 S2 途 T4 遅 U1 避 U2 遍 U5 送 V14 髄 V2 随 V2 逮 X7 遷 Y9 込 Z13 逆 Z14 逓 Z7 透 Z8

BE5 延 O3 建 X8 健 X8

BE6 囚 A3 図 A18 回 B1 四 B1 団 E10 菌 G4 国 I17 困 J1 囲 K9 檀 M1 園 P4 因 V9 恩 V9 姻 V9 圏 Y9

FR1 刃 A10 血 A14 図 A18 斥 A20 州 A8 縛 E13 簿 E13 博 E13 薄 E13
呼 E8 卑 F2 幸 F7 玉 I17 着 I19 差 I19 養 I19 雨 L6 風 L23 凡 L24
向 L6 奥 L6 敷 M6 飛 N2 必 N4 延 O3 氷 P1 卵 P16 衆 P4 属 U1
丈 V5 弟 Y12 乏 Z11 孤 Z7 弧 Z7

FR2 摂 A6 楽 C5 薬 C5 塁 I3 渋 O1 率 Q15

FR3 候 H7 猟 L23 雨 L6 悠 N3 幽 Q14 峰 S23 縫 S23 存 V4 在 V4
奉 V21 粛 X7 引 Y11 繭 Z23 修 Z23

FR4 上 A1 下 A1 貞 C19 偵 C19 卓 F5 悼 F5 掛 I5 朴 J1 赴 O9 外 S17

FR5 師 B9 帥 B9 帽 C13 綿 C5 幅 D3 制 H1 席 K4 策 L1 刺 L1
帯 L1 滞 L1 帆 L24 常 L3 帝 M18 締 M18 帳 P9 飾 T7 刷 U1 幕 V10
幣 Z19 逓 Z7

FR6 座 A3 塩 B1 垣 C3 埋 D12 墨 D12 増 D5 達 F10 幸 F7 坪 F9
煙 I12 陸 I3 圧 I3 粧 I3 塁 I3 吐 I3 土 I3 社 I3 墳 K1 型 K2 基K8
堂 L3 坑 M1 檀 M1 gang 培 M12 境 M13 坊 M6 陛 N11 塾 N22 勢 N22
熱 N22 地 N25 堤 O10 遠 P4 猿 P4 園 P4 壌 P6 壊 P7 塊 Q11 坂 R9
均 S4 場 S10 塚 S11 墜 S13 墾 S14 陵 S25 塔 T10 塗 T4 塀 U1 堀 U1
壁 U2 墓 V10 堕 V2 在 V4 城 W11 域 W4 堪 Y3 堅 Y7 塑 Z14

FR7 器 B1 臭 C16 奪 E10 奨 E10 衡 G12 契 I13 喫 I13 美 I19 類 J10
奔 K1 奥 L6 突 N5 参 Q1 惨 Q1 n 戻 U4 涙 U4 因 V9 姻 V9 恩 V9
大 V9 奮 V9 誇 Y14 遷 Y9

A1 一 A1 上 A1 下 A1 光 A1 三 A2 峠 A4 師 B9 画 D6 演 D6 拝F10
来 J10 暁 K1 焼 K1 帯 L1 角 L18 雨 L6 両 L6 丙 L7 気 N2 汽N2
微 N6 還 P4 環 P4 衰 P5 棄 Q8 夏 S23 緩 V6 獣 V11 僕 V15 撲 V15
援 V6 暖 V6 吏 V7 惑 W4 域 W4 粛 X7 虐 Y1 極 Y14 司 Z10 璽Z23
片 Z6 版 Z6 后 Z7

A2 三 A2 仁 A2 二 A2 霊 I10 猟 L23 元 N6 発 T1 奉 V21 弐 W2 逓 Z7

A3 人 A3 座 A3 囚 A3 卒 M1 肉 L7 傘 T2 幾 W4 機 W4

A4 出 A4 峠 A4 仙 A4 山 A4 拙 A4 岩 A5 炭 A7 島 C11 岬 D10 崎 E5 崇 E7 岸 F7 催 G14 徴 I17 懲 I17 帯 L1 崩 L14 両 L6 端 M11 密 N4 微 N6 棄 Q8 岐 R10 峰 S23 屈 U1 掘 U1 堀 U1 峡 V19

A5 砂 A13 岩 A5 石 A5 拓 A5 碑 F2 礁 G14 確 G14 磨 J5 研 K2 碁 K8 硝 L15 砕 N21 礎 O7 磁 Q14 硫 Q8 破 R11 硬 V8 砲 Y10

A6 摂 A6 恥 A6 耳 A6 聞 C8 聴 F1 聖 I17 取 R2 職 W6

A7 炎 A7 火 A7 秋 A7 煩 A7 灰 A7 愁 A7 淡 A7 談 A7 炭 A7 災 A8 畑 D1 灯 E1 煙 I12 燥 J3 焼 K1 爆 P3 炊 S15 炉 U4 燃 V11 滅 W10

A8 川 A8 州 A8 酬 A8 巡 A8 災 A8 訓 A8 順 A8 荒 M5 慌 M5 硫 Q8 流 Q8

A9 脅 A9 筋 A9 力 A9 劣 A13 助 C15 男 D1 勇 D1 務 E3 霧 E3 協 F1 動 G3 働 G3 勲 G3 勧 H9 勤 I14 功 I8 勅 J11 労 L2 効 M9 虜 N16 勢 N22 劾 Q12 幼 Q13 努 R8 勉 S2 励 S9 募 V10 勝 V20 勘 Y3

A10 初 A10 刃 A10 刀 A10 辺 A10 忍 A10 認 A10 拐 B1 契 I13 喫 I13 解 L18 切 N15 窃 N15 潔 Q16 分 T14 粉 T14 紛 T14 雰 T14 盆 T14 貧 T14 頒 T14 券 V20 寡 Z22

A11 女 A11 安 A11 桜 A11 妥 A11 案 A11 妙 A13 好 A15 如 B1 宴 C1 娘 C10 委 G4 妊 G6 姓 H4 要 I12 腰 I12 数 J10 楼 J10 妹 J7 媒 K7 接 M11 嫡 M19 姉 M4 妄 M5 妨 M6 婿 O7 娠 P10 婚 P11 嬢 P6 始 Q2 婆 R11 嫁 S12 姿 S16 姻 V9 威 W10 婦 X4 妻 X6 嫌 X9 娯 Y17 姫 Y5 妃 Y9

A12 光 A1 称 A12 小 A12 鎖 C19 原 C6 肖 L15 尚 L6 京 M3 斎 M8 歳 W10 県 Z1

A13 少 A13 抄 A13 砂 A13 秒 A13 劣 A13 妙 A13 省 C13 賓 C19

A14 皿 A14 血 A14 猛 A15 塩 B1 温 C1 盟 L14 盤 R6 盗 S16 盆 T14 益 T18 盛 W11 濫 Y6 鑑 Y6 監 Y6 艦 Y6

A15 子 A15 字 A15 浮 A15 好 A15 猛 A15 厚 C1 稚 G14 季 G4 孝 I6 学 L2 享 M2 郭 M2 遊 M6 孔 N1 乳 N1 熟 N22 塾 N22 孫 Q17 存 V4 孤 Z7

A16 母 A16 毎 A16 海 A16 悔 A16 梅 A16 侮 A16 敏 A16 貫 C19 慣 C19 毒 I13 繁 Q16

A17 父 A17

A18 図 A18 凶 A19 悩 A19 脳 A19 刈 A18 気 N2 離 Q1 殺 R6 匁 S3 胸 S3 希 V3 区 Y2 璽 Z23

A19 凶 A19 悩 A19 脳 A19 画 D6 謡 F8 揺 F8 缶 H8 歯 O1 離 Q1 幽 Q14 胸 S3 陶 S3

A20 析 A20 斥 A20 折 A20 祈 A20 斤 A20 近 A20 逝 A20 訴 A20 哲 B1 誓 B2 暫 C12 漸 C12 質 C19 薪 M16 新 M16 所 U4 匠 Y1 断 Z1

A21 岳 A21 丘 A21 兵 A21 浜 A21

A22 羽 A22 習 C5 翻 G5 翼 K12 翌 M11 翁 T15 扇 U4

B1 拐 B1 絹 B1 器 B1 塩 B1 口 B1 品 B1 和 B1 回 B1 如 B1 哲 B1 唱 C1 鳴 C11 員 C19 損 C19 問 C8 呼 E8 叫 F2 唯 G14 痴 H7 知H7 害 I13 割 I13 轄 I13 喫 I13 呈 I17 程 I17 聖 I17 喜 I2 吐 I3 嚇 I4 語 I9 悟 I9 善 I19 繕 I19 保 J1 味 J7 噴 K1 向 L6 尚 L6 商 M19 高 M2 檀 M1 韻 M13 環 P4 猿 P4 還 P4 園 P4 遠 P4 哀 P5 褒 P5 喪 P8 唇 P10 喚 S1 象 S11 吹 S15 諮 S16 唆 S25 喝 S7 別 S9 命 T8 含 T9 吟 T9 嘱 U1 啓 U4 献 V11 橋 V13 矯 V13 咲 V14 嘆 V16 惑 W4 域 W4 減 W10 感 W10 憾 W10 尋 X1 唐 X6 事 X8 臨 Y5 号 Y14 極 Y14 司 Z10 伺 Z10 詞 Z10 飼 Z10 嗣 Z10 局 Z10 否 Z4 后 Z7 吸 Z9

B2 言 B2 罰 B2 信 B2 誓 B2 警 S5 誉 T18 獄 V11 謄 V20

B3 占 B3 点 B3 店 B3 粘 B3

B4 加 B4 架 B4 賀 C19

B5 召 B5 紹 B5 昭 B5 詔 B5 招 B5 沼 B5 照 B5 超 O9

B6 豆 B6 痘 B6 頭 B6 豊 D8 闘 E10 短 H7 登 T1 澄 T1

B7 兄 B7 祝 B7 況 B7

B8 脱 B8 悦 B8 説 B8 鋭 B8 税 B8 閲 C8

B9 追 B9 師 B9 帥 B9

B10 官 B10 管 B10 棺 B10 館 B10 遣 B14

B11 宮 B11 営 L2

B12 中 B12 仲 B12 忠 B12 沖 B12

B13 虫 B13 独 B13 触 L18 蛍 L2 風 L23 蛮 M10 蚊 M7 蛇 N9 強 Q1
騒 R1 濁 S3 属 U1 嘱 U1 蚕 V13 融 Z20 繭 Z23

B14 遣 B14 貴 C19 遺 C19

B15 患 B15

C1 照 B5 日 C1 晶 C1 厚 C1 唱 C1 宴 C1 温 C1 日 C1 間 C8 簡 C8
暫 C12 冒 C13 昇 G13 帽 C13 香 G4 星 H4 湿 I10 普 I10 暑 I7 者 I7
譜 I10 顕 I10 暦 J4 昔 K11 盟 L14 暗 M13 景 M3 影 M3 昆 N11 混 N11
踏 P1 婚 P11 暴 P3 曇 Q5 漫 R1 慢 R1 最 R2 撮 R2 易 S8 賜 S8 暮 V10

替 V15 潜 V15 春 V21 書 X8

C2 但 C2 担 C2 胆 C2 量 D12 糧 D12 得 G11 檀 M1 昼 U3

C3 宣 C3 垣 C3 恒 C3

C4 旧C4 陥C4 稲C4 児C4

C5 白C5 習C5 楽C5 迫C5 綿C5 拍C5 泊C5 伯C5 薬C5 皇I17 舶L22 激M6 皆N11 階N11 泉P1 線P1 的S4

C6 原C6 源C6 願C6

C7 宿C7 百C7 縮C7

C8 潤C8 門C8 間C8 閲C8 問C8 聞C8 簡C8 闘E10 閉E9 閑J1 欄J12 開K2 閣S26 関V14 閥W4

C9 即C9 根C9 恨C9 退C9 銀C9 限C9 節C9 眼C13 爵E10 既N8 慨N8 概N8 郷Q13 響Q13

C10 朗C10 浪C10 郎C10 良C10 娘C10 廊C10 養I19 食T7

C11 鳥C11 島C11 鳴C11 鶏V15

C12 車C12 暫C12 漸C12 陣C12 連C12 庫C12 軸D6 軒F7 轄I13 較M9 軌N20 範N23 転Q5 撃R6 軽R7 軟S15 輸T12 輪T13 載W5 輩Z3

C13 省C13 眼C13 冒C13 目C13 帽C13 睡G10 看G8 着I19 算K3 盲M5 眺N14 眠P13 督R3 瞬S18 具T18 県Z1 懸Z1 直Z1 置Z1 値Z1 植Z1 殖Z1 盾Z7 循Z7

C14 相C14 霜C14 想C14 箱C14

C15 且C15 祖C15 租C15 粗C15 組C15 阻C15 助C15 宜C15 査C15 畳L1

C16 臭C16 自C16 息C16 憩G2 鼻K3 夏S23

C17 首C17 道C17 導E10

C18 視 C18 現 C18 見 C18 観 H9 寛 K3 覚 L2 親 M16 規 V15 覧 Y6

C19 貞 C19 貝 C19 貫 C19 鎖 C19 質 C19 賀 C19 員 C19 貴 C19 買 C19 負 C19 賓 C19 敗 C19 慣 C19 遺 C19 偵 C19 損 C19 贈 D5 貯 E1 財 E9 賃 G6 貢 I8 墳 K1 憤 K1 噴 K1 購 L21 賞 L3 償 L3 賠 M12 韻 M13 貨 N10 貿 P15 販 R9 資 S16 賜 S8 貧 T14 賄 V2 賛 V15 賦 W2 貸 W3 賊 W4 費 Y13 賢 Y7

C20 則 C20 測 C20 側 C20

D1 田 D1 雷 D1 男 D1 勇 D1 胃 D1 畑 D1 細 D1 思 D1 町 E1 畔 F11 卑 F2 衡 G12 審 G5 番 G5 藩 G5 翻 G5 塁 I3 鼻 K3 異 K12 翼 K12 畳 L1 慮 N16 虜 N16 膚 N16 縄 N19 留 P15 畜 Q15 蓄 Q15 累 Q16 畝 S22 略 S26 界 T3 獣 V11 奮 V9

D2 猫 D2 描 D2 苗 D2

D3 幅 D3 副 D3 福 D3 富 D3

D4 魚 D4 漁 D4 鮮 F10 鯨 M3

D5 僧 D5 増 D5 贈 D5 憎 D5 層 U1

D6 笛 D6 画 D6 演 D6 由 D6 軸 D6 宙 D6 油 D6 抽 D6 黄 K10 届 U1

D7 穂 D7 恵 D7

D8 典 D8 豊 D8 曲 D8 濃 P10 農 P10

D9 槽 D9 遭 D9 曹 D9

D10 押 D10 甲 D10 岬 D10 挿 G3

D11 申 D11 伸 D11 神 D11 紳 D11 捜 R1

D12 里 D12 黒 D12 埋 D12 理 D12 厘 D12 量 D12 糧 D12 墨 D12 野 E2
童 M11 鐘 M11 裏 P5 黙 V11

D13 単 D13 弾 D13 禅 D13 戦 W4

D14 果 D14 巣 D14 課 D14 菓 D14 裸 D14

E1 丁 E1 灯 E1 訂 E1 打 E1 貯 E1 町 E1 庁 E1 寧 E1 頂 E1
亭 M2 停 M2

E2 了 E2 預 E2 予 E2 序 E2 野 E2 承 P1 蒸 P1

E3 矛 E3 柔 E3 務 E3 霧 E3

E4 可 E4 河 E4 何 E4 荷 E4 歌 S15

E5 奇 E5 崎 E5 騎 E5 寄 E5

E6 邪 E6 雅 E6 芽 E6

E7 示 E7 宗 E7 崇 E7 票 I12 漂 I12 標 I12 禁 J4 襟 J4 款 S15
尉 U1 慰 U1 隷 X7

E8 呼 E8 宇 E8 芋 E8

E9 才 E9 閉 E9 材 E9 財 E9

E10 将 E10 爵 E10 守 E10 狩 E10 団 E10 奪 E10 村 E10 寸 E10 討 E10
導 E10 闘 E10 奨 E10 得 G11 樹 I2 封 I5 耐 L12 対 M7 冠 N6 尊 N7
遵 N7 辱 P10 尉 U1 慰 U1 寿 V22 尋 X1 射 Z16 謝 Z16

E11 府 E11 符 E11 附 E11 付 E11

E12 寺 E12 持 E12 時 E12 侍 E12 詩 E12 等 E12 待 G11 特 H1

E13 專 E13 縛 E13 簿 E13 博 E13 薄 E13

F1 博 E13 十 F1 聴 F1 針 F1 協 F1 汁 F1 計 F1 徳 G11 準 G14
南 L6 卒 M1 迅 N2 壊 P7 懐 P7 喪 P8 率 Q15 索 Q16 真 T18 傘 T2
賊 W4 直 Z1 置 Z1 値 Z1 植 Z1 殖 Z1 盾 Z7 循 Z7

F2 糾 F2 卑 F2 斗 F2 叫 F2 科 F2 料 F2 碑 F2 収 R1 斜 T4

F3 古 F3 苦 F3 湖 F3 克 F3 故 F3 枯 F3 嫡 M19 摘 M19 敵 M19
滴 M19 適 M19 居 U1

F4 固 F4 箇 F4 個 F4

F5 卓 F5 草 F5 早 F5 悼 F5

F6 朝 F6 潮 F6 乾 N2 幹 T2

F7 干 F7 岸 F7 幸 F7 幹 T2

F8 揺 F8 謡 F8

F9 坪 F9 評 F9 平 F9

F10 羊 F10 達 F10 鮮 F10 詳 F10 祥 F10 拝 F10 洋 F10 遅 U1 群 X10

F11 半 F11 判 F11 畔 F11 伴 F11

F12 年 F12 降 S23

F13 違 F13 緯 F13 偉 F13 衛 G12

G1 千 G1 挿 G3

G2 舌 G2 憩 G2 話 G2 括 G2 活 G2 辞 M17 乱 N1

G3 重 G3 種 G3 薫 G3 動 G3 働 G3 勲 G3 衝 G12

G4 愁 A7 痢 G4 香 G4 季 G4 委 G4 菌 G4 穀 R6 秀 Z8 透 Z8 誘 Z8

G5 審 G5 番 G5 翻 G5 藩 G5 釈 U3

G6 妊 G6 任 G6 賃 G6

G7 廷 G7 庭 G7 艇 L22

G8 手 G8 看 G8 摩 J5 掌 L3 挙 T18 撃 R6

G9 乗 G9 剰 G9

G10 垂 G10 錘 G10 睡 G10 郵 G10

G11 待 G11 徳 G11 得 G11 徴 I17 懲 I17 往 I18 微 N6 御 O4 征 O5
従 O6 縦 O6 徒 O9 徹 Q9 彼 R11 役 R6 径 R7 後 S23 復 S24 覆 S24
徐 T4 履 U1 律 X8 循 Z7

G12 行 G12 衝 G12 衛 G12 衡 G12 街 I5 術 J9

G13 升 G13 昇 G13 飛 N2 瓶 Z23

G14 奪 E10 準 G14 集 G14 焦 G14 進 G14 確 G14 催 G14 礁 G14 擁 Q13
羅 Q16 雇 U4 顧 U4 奮 V9 携 Z8

H1 制 H1 特 H1 牧 H1 件 H1 牛 H1 牲 H4 解 L18 物 S8 犠 W8

H2 造 H2 酷 H2 告 H2

H3 銑 H3 洗 H3 先 H3

H4 牲 H4 星 H4 姓 H4 性 H4 生 H4 産 M20 隆 S23

H5 株 H5 珠 H5 朱 H5 殊 S20

H6 迭 H6 鉄 H6 秩 H6 失 H6

H7 矢 H7 短 H7 知 H7 疾 H7 侯 H7 候 H7 痴 H7 族 M6 疑 O7
擬O7 凝 O7 矯 V13 医 Y1

H8 午 H8 缶 H8 許 H8 陶 S3 e

H9 権 H9 観 H9 勧 H9 歓 S15

H10 酢 H10 作 H10 昨 H10 詐 H10 搾 N5

H11 竹 H11

I1 壮 I1 士 I1 志 I1 仕 I1 誌 I1 荘 I1 壱 N9 装 P7 殻 R6
穀 R6 款 S15 声 U3 隷 X7

I2 吉 I2 樹 I2 膨 I2 喜 I2 結 I2 詰 I2 鼓 R10

I3 座 A3 塩 B1 垣 C3 埋 D12 墨 D12 増 D5 達 F10 幸 F7 坪 F9
煙 I12 陸 I3 圧 I3 粧 I3 塁 I3 吐 I3 土 I3 社 I3 墳 K1 型 K2 基 K8
堂 L3 坑 M1 檀 M1 培 M12 境 M13 坊 M6 陛 N11 塾 N22 勢 N22
熱 N22 地 N25 堤 O10 遠 P4 猿 P4 園 P4 壌 P6 壊 P7 塊 Q11 坂 R9
均 S4 場 S10 塚 S11 墜 S13 墾 S14 陵 S25 塔 T10 塗 T4 塀 U1 堀 U1
壁 U2 墓 V10 堕 V2 在 V4 城 W11 域 W4 堪 Y3 堅 Y7 塑 Z14

I4 赤 I4 嚇 I4 赦 I4 跡 M10 蛮 M10 恋 M10 変 S23 湾 Y11

I5 封 I5 掛 I5 街 I5 涯 I5 佳 I5

I6 教 I6 酵 I6 孝 I6

I7 者 I7 暑 I7 著 I7 署 I7 緒 I7 都 I7 諸 I7 煮 I7

I8 工 I8 差 I19 項 I8 江 I8 攻 I8 紅 I8 功 I8 貢 I8 築 L24 恐 L24 空 N5 控 N5 左 V5 佐 V5 惰 V5 式 W1 試 W1 尋 X1 巧 Y14

I9 語 I9 悟 I9 五 I9

I10 並 I10 湿 I10 顕 I10 普 I10 霊 I10 譜 I10 業 J7 虚 N16 僕 V15 撲 V15 戯 W4 織 W5

I11 亜 I11 悪 I11

I12 西 I12 煙 I12 価 I12 票 I12 要 I12 腰 I12 漂 I12 標 I12 覇 K5 西 N7 覆 S24 遷 Y9

I13 害 I13 憲 I13 契 I13 毒 I13 喫 I13 割 I13 轄 I13 表 P5 俵 P5 素 Q16 潔 Q16 麦 S23

I14 勤 I14 謹 I14

I15 情 I15 精 I15 請 I15 晴 I15 清 I15 青 I15 静 X11

I16 責 I16 漬 I16 績 I16 積 I16 責 I16 債 I16

I17 潤 C8 王 I17 呈 I17 徴 I17 聖 I17 皇 I17 玉 I17 狂 I17 程 I17 懲 I17 宝 I17 国 I17 望 M5 全 T2 栓 T2 琴 T9 班 Z18 璽 Z23

I18 主 I18 柱 I18 注 I18 駐 I18 住 I18 往 I18

I19 善 I19 着 I19 差 I19 美 I19 養 I19 繕 I19 窯 N5 様 P3

J1 案 A11 架 B4 査 C15 楽 C5 薬 C5 柔 E3 集 G14 朱 H5 困 J1 木 J1 保 J1 森 J1 閑 J1 床 J1 休 J1 刺 L1 策 L1 築 L24 栄 L2 深 N5 探 N5 雑 N20 染 N20 褒 P5 棄 Q8 桑 R1 殺 R6 傑 S18 条 S23 漆 T2 茶 T2 栽 W5 葉 Z21

J2 彩 J2 採 J2 菜 J2

J3 繰 J3 藻 J3 燥 J3 操 J3

J4 林 J4 暦 J4 禁 J4 襟 J4 歴 O1 礎 O7

J5 摩 J5 磨 J5 麻 J5 魔 Q11

J6 本 J6

J7 未 J7 業 J7 妹 J7 味 J7 魅 Q11

J8 抹 J8 末 J8

J9 術 J9 述 J9

J10 数 J10 楼 J10 米 J10 来 J10 類 J10 迷 J10 奥 L6 歯 O1 隣 S18
菊 S3 継 Z1 断 Z1

J11 東 J11 速 J11 勅 J11 頼 J11 瀬 J11 整 O5 疎 O7

J12 柬 J12 陳 J12 錬 J12 棟 J12 凍 J12 練 J12 欄 J12

K1 憤 K1 墳 K1 噴 K1 焼 K1 暁 K1 奔 K1

K2 併 K2 研 K2 刑 K2 形 K2 開 K2 型 K2 塀 U1 瓶 Z23

K3 算 K3 鼻 K3 寛 K3 弁 Q1 葬 S20 戒 W4 機 W4 弊 Z19

K4 庶 K4 席 K4 遮 K4 度 R1 渡 R1

K5 覇 K5 革 K5 靴 N10

K6 甘 K6 紺 K6

K7 某 K7 謀 K7 媒 K7

K8 棋 K8 基 K8 碁 K8 期 K8 旗 M6 欺 S15 甚 Y3

K9 井 K9 耕 K9 囲 K9 寒 T18

K10 散 K10 黄 K10 横 K10 展 U1

K11 措 K11 借 K11 惜 K11 昔 K11 籍 K11 錯 K11

K12 共 K12 異 K12 供 K12 洪 K12 恭 K12 翼 K12 備 L16 暴 P3 爆 P3 殿 U1 選 Y9 港 Y9

L1 畳 L1 帯 L1 滞 L1 冗 L23 亭 M2 停 M2 深 N5 探 N5 冠 N6 壱 N9 索 Q16 受 R1 授 R1 穀 R6 殻 R6 塚 S11 豪 S11 夢 S17 瞬 S18 愛 S23 写 Y16

L2 営 L2 蛍 L2 学 L2 覚 L2 労 L2 栄 L2

L3 掌 L3 賞 L3 堂 L3 党 L3 常 L3 償 L3

L4 続 L4 読 L4 売 L4

L5 軍 L5 運 L5 揮 L5 輝 L5

L6 南 L6 雨 L6 両 L6 尚 L6 奥 L6 向 L6 満 L6 高 M2 稿 M2 網 M5 離 Q1 献 V11 矯 V13 橋 V13 繭 Z23 璽 Z23

L7 肉 L7 内 L7 丙 L7 納 L7 柄 L7 病 L7 腐 L7

L8 同 L8 筒 L8 銅 L8 洞 L8 胴 L8 興 Z2

L9 周 L9 彫 L9 調 L9 週 L9

L10 渦 L10 過 L10 禍 L10 骨 L10 滑 L10 髄 V2

L11 鋼 L11 剛 L11 綱 L11

L12 耐 L12 需 L12 儒 L12 端 M11

L13 愚 L13 遇 L13 隅 L13 偶 L13

L14 筋 A9 絹 B1 覇 K5 散 K10 滑 L10 前 L14 月 L14 棚 L14 崩 L14
盟 L14 望 M5 膏 N16 婿 O7 肩 U4 髄 V2 惰 V5 然 V11 襲 Y15 塑 Z14

L15 肖 L15 宵 L15 硝 L15 消 L15 削 L15

L16 通 L16 痛 L16 用 L16 踊 L16 庸 X6

L17 浦 L17 補 L17 捕 L17 舗 T6

L18 円 L18 角 L18 触 L18 解 L18

L19 冊 L19 嗣 Z10

L20 再 L20

L21 構 L21 溝 L21 講 L21 購 L21

L22 舟 L22 丹 L22 艇 L22 舶 L22 航 M1 般 R6 船 T16 艦 Y6

L23 冗 L23 机 L23 飢 L23 肌 L23 猟 L23 航 M1 抗 M1 坑 M1 殻 R6
盤 R6 搬 R6 処 S23 拠 S23

L24 築 L24 恐 L24 凡 L24 帆 L24 凡 L24

M1 僧 D5 知 H7 士 I1 六 M1 航 M1 抗 M1 檀 M1 坑 M1 卒 M1
褒 P5 哀 P5 裏 P5 離 Q1 擁 Q13 畝 S22 夜 S23 妻 X6

M2 高 M2 享 M2 亭 M2 稿 M2 郭 M2 停 M2 熟 N22 塾 N22 豪 S11

M3 景 M3 鯨 M3 涼 M3 京 M3 影 M3 就 N8

M4 市 M4 肺 M4 姉 M4

M5 網 M5 荒 M5 亡 M5 盲 M5 妄 M5 忘 M5 望 M5 忙 M5 慌 M5

M6 方 M6 族 M6 遊 M6 敷 M6 激 M6 紡 M6 旗 M6 妨 M6 芳 M6 訪 M6 放 M6 肪 M6 防 M6 坊 M6 倣 M6 傍 M18 施 N25 旋 O7 旅 P4 房 U4

M7 文 M7 蚊 M7 紋 M7 対 M7

M8 斉 M8 斎 M8 済 M8 剤 M8

M9 交 M9 絞 M9 較 M9 郊 M9 効 M9 校 M9

M10 跡 M10 蛮 M10 恋 M10 変 S23 湾 Y11

M11 立 M11 端 M11 位 M11 接 M11 泣 M11 童 M11 翌 M11 粒 M11 鐘 M11 競 M12 鏡 M13 境 M13 竜 N19 滝 N19 襲 Y15

M12 倍 M12 培 M12 陪 M12 賠 M12 部 M12 剖 M12 競 M12

M13 音 M13 韻 M13 暗 M13 境 M13 鏡 M13 響 Q13

M14 章 M14 障 M14 彰 M14

M15 意 M15 憶 M15 億 M15

M16 薪 M16 親 M16 新 M16

M17 辞 M17 辛 M17 宰 M17

M18 帝 M18 締 M18 傍 M18

M19 嫡 M19 商 M19 摘 M19 敵 M19 滴 M19 適 M19

M20 産 M20 顔 M20

N1 札 N1 乱 N1 孔 N1 礼 N1 乳 N1

N2 乙 N2 汽 N2 気 N2 乾 N2 迅 N2 飛 N2

N3 恥 A6 愁 A7 忍 A10 認 A10 忠 B12 患 B15 想 C14 息 C16 思 D1 恵 D7 穂 D7 寧 E1 聴 F1 憩 G2 徳 G11 志 I1 悪 I11 懲 I17 恭 K12 愚 L13 恐 L24 恋 M10 忘 M5 心 N3 悠 N3 応 N3 慮 N16 窓 Q1 慈 Q14 怠 Q2 態 Q3 怒 R8 懇 S14 愛 S23 癒 T12 総 T15 念 T9 慰 U1 慕 V10 添 V13 恩 V9 感 W10 惑 W4 急 X1 隠 X1 穏 X1 忌 Y9 懸 Z1 慶 Z17 憂 Z22 悲 Z3

N4 必 N4 秘 N4 密 N4 泌 N4

N5 窯 N5 突 N5 空 N5 搾 N5 控 N5 窃 N15 究 N20 窓 Q1 窒 Q6 窮 Z16

N6 元 N6 完 N6 冠 N6 頑 N6 院 N6 微 N6

N7 尊 N7 猶 N7 酒 N7 尊 N7 遵 N7

N8 既 N8 就 N8 沈 N8 慨 N8 概 N8

N9 老 N9 壱 N9 蛇 N9 雌 O1 疑 O7 擬 O7 凝 O7 紫 Q16 死 S20 S20 尼 U1 泥 U1

N10 化 N10 貨 N10 花 N10 靴 N10 傾 N10

N11 比 N11 皆 N11 階 N11 昆 N11 批 N11 混 N11 麗 Z17

N12 北 N12 背 N12

N13 旨 N13 脂 N13 指 N13

N14 兆 N14 跳 N14 挑 N14 眺 N14 桃 N14 逃 N14

N15 七 N15 宅 N15 託 N15 切 N15 窃 N15

N16 虚 N16 膚 N16 慮 N16 虜 N16 劇 S11 戯 W4 虐 Y1 虞 Y17

N17 毛 N17 耗 N17 尾 U1

N18 屯 N18 純 N18 鈍 N18

N19 滝 N19 縄 N19 電 N19 竜 N19

N20 九 N20 雑 N20 染 N20 究 N20 軌 N20

N21 粋 N21 酔 N21 枠 N21 砕 N21

N22 丸 N22 執 N22 勢 N22 熱 N22 熟 N22 塾 N22

N23 危 N23 犯 N23 範 N23 厄 N23 腕 S17

N24 把 N24 肥 N24 色 N24 絶 N24

N25 施 N25 地 N25 池 N25 他 N25

O1 止 O1 歴 O1 渋 O1 雌 O1 肯 O1 祉 O1 歯 O1 延 O3 紫 Q16
企 T2 齢 T8 歳 W10 武 W2 賦 W2

O2 歩 O2 頻 O2 渉 O2

O3 誕 O3 延 O3

O4 卸 O4 御 O4

O5 正 O5 整 O5 症 O5 征 O5 政 O5 証 O5

O6 従 O6 定 O6 錠 O6 縦 O6

O7 疎 O7 礎 O7 婿 O7 旋 O7 疑 O7 擬 O7 凝 O7

O8 足 O8 促 O8 露 S26

O9 走 O9 赴 O9 超 O9 徒 O9 趣 R2 越 W9 起 Y9

O10 是 O10 堤 O10 題 O10 提 O10

P1 水 P1 承 P1 踏 P1 蒸 P1 氷 P1 泉 P1 線 P1 尿 U1

P2 永 P2 詠 P2 泳 P2

P3 求 P3 救 P3 球 P3 様 P3 暴 P3 爆 P3 泰 V21

P4 園 P4 旅 P4 衆 P4 還 P4 遠 P4 猿 P4 環 P4

P5 褒 P5 表 P5 裏 P5 哀 P5 衷 P5 衰 P5 俵 P5

P6 醸 P6 嬢 P6 譲 P6 壌 P6

P7 衣 P7 壊 P7 装 P7 懐 P7 依 P7 製 P7 裂 S21 袋 W3 裁 W5 襲 Y15

P8 喪 P8

P9 長 P9 脹 P9 帳 P9 張 P9 髪 V6

P10 辱 P10 震 P10 唇 P10 娠 P10 振 P10 農 P10 濃 P10

P11 氏 P11 紙 P11 婚 P11

P12 底 P12 低 P12 抵 P12 邸 P12

P13 民 P13 眠 P13

P14 以 P14 似 P14

P15 留 P15 貿 P15

P16 迎 P16 仰 P16 抑 P16 卵 P16 柳 P16

Q1 弁 Q1 参 Q1 離 Q1 強 Q1 窓 Q1 払 Q1 仏 Q1 私 Q1 惨 Q1 雄 V5

Q2 台 Q2 始 Q2 治 Q2 怠 Q2 胎 Q2

Q3 能 Q3 態 Q3 罷 Q3

Q4 広 Q4 拡 Q4 鉱 Q4

Q5 魂 Q11 曇 Q5 伝 Q5 雲 Q5 芸 Q5 転 Q5 会 T2 絵 T2 陰 T9

Q6 至 Q6 倒 Q6 到 Q6 致 Q6 室 Q6 窒 Q6 屋 U1 握 U1

Q7 去 Q7 法 Q7 却 Q7 脚 Q7

Q8 硫 Q8 流 Q8 棄 Q8

Q9 育 Q9 撤 Q9 徹 Q9

Q10 充 Q10 銃 Q10 統 Q10

Q11 鬼 Q11 醜 Q11 塊 Q11 魂 Q11 魔 Q11 魅 Q11

Q12 核 Q12 劾 Q12 該 Q12 刻 Q12

Q13 郷 Q13 幼 Q13 擁 Q13 響 Q13 後 S23 幻 Z10

Q14 慈 Q14 滋 Q14 磁 Q14 幽 Q14 幾 W4 機 W4

Q15 玄 Q15 畜 Q15 弦 Q15 率 Q15 蓄 Q15

Q16 糸 Q16 素 Q16 潔 Q16 索 Q16 繁 Q16 累 Q16 紫 Q16 羅 Q16 緊 Y7
繭 Z23

Q17 系 Q17 孫 Q17 係 Q17 懸 Z1

R1 又 R1 報 R1 騒 R1 服 R1 慢 R1 漫 R1 双 R1 収 R1 桑 R1
度 R1 捜 R1 受 R1 授 R1 渡 R1 叙 T4 極 Y14 暇 Z2

R2 最 R2 取 R2 趣 R2 撮 R2

R3 叔 R3 督 R3 淑 R3 寂 R3

R4 隻 R4 護 R4 穫 R4 獲 R4

R5 祭 R5 察 R5 際 R5 擦 R5

R6 殻 R6 撃 R6 般 R6 役 R6 疫 R6 殺 R6 没 R6 穀 R6 投 R6
設 R6 搬 R6 盤 R6 殿 U1 殴 Y2 段 Z2 鍛 Z2

R7 茎 R7 軽 R7 径 R7 怪 R7 経 R7

R8 奴 R8 努 R8 怒 R8

R9 仮 R9 返 R9 坂 R9 飯 R9 販 R9 板 R9 版 Z6

R10 支 R10 枝 R10 肢 R10 岐 R10 技 R10 鼓 R10

R11 皮 R11 披 R11 疲 R11 被 R11 波 R11 破 R11 彼 R11 婆 R11

S1 換 S1 喚 S1

S2 免 S2 逸 S2 勉 S2 晩 S2

S3 濁 S3 匁 S3 菊 S3 陶 S3 胸 S3 均 S4 渇 Z2

S4 勺 S4 釣 S4 的 S4 約 S4 酌 S4

S5 句 S5 敬 S5 拘 S5 警 S5

S6 旬 S6 殉 S20

S7 掲 S7 謁 S7 褐 S7 渇 S7 喝 S7

S8 易 S8 物 S8 賜 S8

S9 万 S9 別 S9 励 S9

S10 腸 S10 傷 S10 場 S10 湯 S10 揚 S10 陽 S10

S11 逐 S11 象 S11 塚 S11 劇 S11 豪 S11 豚 S11 像 S11 縁 X5

S12 家 S12 嫁 S12 稼 S12

S13 隊 S13 遂 S13 墜 S13

S14 墾 S14 懇 S14

S15 款 S15 欠 S15 炊 S15 吹 S15 歓 S15 飲 S15 歌 S15 欺 S15 軟 S15 欲 T17 欧 Y2

S16 次 S16 資 S16 諮 S16 姿 S16 盗 S16

S17 多 S17 移 S17 外 S17 腕 S17 夕 S17 夢 S17

S18 瞬 S18 傑 S18 隣 S18 舞 Z5

S19 銘 S19 名 S19

S20 殉 S20 殊 S20 葬 S20 死 S20 残 W12 殖 Z1

S21 列 S21 例 S21 裂 S21 烈 S21

S22 久 S22 畝 S22

S23 愛 S23 処 S23 条 S23 夏 S23 降 S23 後 S23 麦 S23 冬 S23 変 S23 峰 S23 夜 S23 縫 S23 隆 S23 終 S23 拠 S23 液 S23 慶 Z17 憂 Z22 優 Z22

S24 復 S24 腹 S24 複 S24 覆 S24 履 U1

S25 酸 S25 俊 S25 唆 S25 陵 S25

S26 各 S26 格 S26 酪 S26 絡 S26 落 S26 路 S26 閣 S26 客 S26 略 S26 額 S26 露 S26

T1 発 T1 登 T1 澄 T1 廃 T1

T2 企 T2 傘 T2 幹 T2 漆 T2 茶 T2 診 T2 会 T2 絵 T2 珍 T2 全 T2 栓 T2

T3 介 T3 界 T3

T4 余 T4 斜 T4 徐 T4 塗 T4 途 T4 叙 T4 除 T4

T5 金 T5

T6 舎 T6 舗 T6 捨 T6

T7 食 T7

T8 令 T8 齢 T8 領 T8 零 T8 鈴 T8 命 T8 冷 T8

T9 今 T9 含 T9 陰 T9 念 T9 吟 T9 琴 T9

T10 合 T10 拾 T10 給 T10 塔 T10 搭 T10 答 T10

T11 検 T11 倹 T11 剣 T11 険 T11 験 T11

T12 諭 T12 癒 T12 愉 T12 輸 T12

T13 論 T13 倫 T13 輪 T13

T14 八 T14 穴 T14 分 T14 粉 T14 紛 T14 雰 T14 盆 T14 貧 T14 頒 T14

T15 公 T15 総 T15 訟 T15 松 T15 翁 T15

T16 船 T16 沿 T16 鉛 T16

T17 谷 T17 俗 T17 容 T17 裕 T17 浴 T17 溶 T17 欲 T17

T18 益 T18 寒 T18 挙 T18 具 T18 誉 T18 真 T18 慎 T18 鎮 T18 興 Z2

U1 居 U1 尉 U1 刷 U1 尼 U1 泥 U1 屈 U1 属 U1 屋 U1 尿 U1
殿 U1 層 U1 届 U1 尾 U1 展 U1 漏 U1 塀 U1 遅 U1 履 U1 慰 U1
据 U1 握 U1 嘱 U1 掘 U1 堀 U1 声 U3 局 Z10

U2 避 U2 癖 U2 壁 U2

U3 尺 U3 尽 U3 昼 U3 駅 U3 訳 U3 沢 U3 択 U3 釈 U3

U4 戸 U4 所 U4 炉 U4 房 U4 啓 U4 肩 U4 戻 U4 扇 U4 雇 U4
顧 U4 涙 U4 扉 Z3

U5 編 U5 遍 U5 偏 U5

U6 創 U6 倉 U6

V1 右 V1 若 V1 諾 V1 匿 Y1

V2 有 V2 髄 V2 賄 V2 随 V2 堕 V2

V3 布 V3 希 V3 怖 V3

V4 在 V4 存 V4

V5 丈 V5 雄 V5 左 V5 佐 V5 惰 V5

V6 緩 V6 友 V6 援 V6 暖 V6 髪 V6 抜 V6

V7 史 V7 吏 V7 使 V7

V8 更 V8 便 V8 硬 V8

V9 器 B1 臭 C16 奪 E10 奨 E10 衡 G12 契 I13 喫 I13 美 I19 類 J10 奔 K1 奥 L6 突 N5 参 Q1 惨 Q1 n 戻 U4 涙 U4 因 V9 大 V9 太 V9 奮 V9 姻 V9 恩 V9 駄 V9 誇 Y14 遷 Y9

V10 暮 V10 墓 V10 募 V10 慕 V10 漠 V10 幕 V10 膜 V10 模 V10

V11 獣 V11 然 V11 状 V11 犬 V11 獄 V11 献 V11 伏 V11 黙 V11 燃 V11

V12 寮 V12 療 V12 僚 V12

V13 蚕 V13 笑 V13 矯 V13 橋 V13 天 V13 添 V13 奏 V21

V14 咲 V14 送 V14 朕 V14 関 V14

V15 夫 V15 賛 V15 替 V15 潜 V15 鶏 V15 規 V15 渓 V15 扶 V15 僕 V15 撲 V15

V16 嘆 V16 漢 V16 難 V16

V17 決 V17 快 V17

V18 央 V18 映 V18 英 V18

V19 挟 V19 峡 V19 狭 V19

V20 勝 V20 券 V20 謄 V20 騰 V20 巻 Y9 圏 Y9

V21 春 V21 奏 V21 泰 V21 実 V21 奉 V21 俸 V21 棒 V21

V22 鋳 V22 寿 V22 邦 V22

W1 式 W1 試 W1

W2 武 W2 弐 W2 賦 W2

W3 代 W3 袋 W3 貸 W3

W4 幾 W4 域 W4 惑 W4 伐 W4 戒 W4 戦 W4 戯 W4 賊 W4 閥 W4 械 W4 機 W4

W5 裁 W5 繊 W5 載 W5 栽 W5

W6 職 W6 織 W6 識 W6

W7 我 W7 餓 W7

W8 義 W8 犠 W8 議 W8 儀 W8

W9 茂 W9 越 W9 蔵 Y5 臓 Y5

W10 感 W10 威 W10 減 W10 歳 W10 滅 W10 憾 W10

W11 成 W11 城 W11 誠 W11 盛 W11

W12 残 W12 践 W12 銭 W12 桟 W12 浅 W12

X1 穏 X1 隠 X1 当 X1 尋 X1 急 X1 雪 X1

X2 曜 X2 躍 X2 濯 X2

X3 寝 X3 侵 X3 浸 X3

X4 掃 X4 婦 X4 帰 Z18

X5 緑 X5 録 X5 縁 X5

X6 妻 X6 庸 X6 唐 X6 糖 X6

X7 隷 X7 逮 X7 康 X7 粛 X7

X8 書 X8 事 X8 建 X8 筆 X8 律 X8 津 X8 健 X8

X9 兼 X9 廉 X9 謙 X9 嫌 X9

X10 君 X10 群 X10 郡 X10

X11 争 X11 浄 X11 静 X11

Y1 虐 Y1 匠 Y1 匿 Y1 医 Y1

Y2 区 Y2 殴 Y2 欧 Y2 枢 Y2 駆 Y2

Y3 甚 Y3 匹 Y3 堪 Y3 勘 Y3

Y4 巨 Y4 距 Y4 拒 Y4

Y5 臣 Y5 蔵 Y5 臨 Y5 姫 Y5 臓 Y5

Y6 覧 Y6 濫 Y6 艦 Y6 監 Y6 鑑 Y6

Y7 緊 Y7 賢 Y7 堅 Y7

Y8 騰 V20 驚 Y8 馬 Y8 篤 Y8

Y9 己 Y9 巻 Y9 港 Y9 遷 Y9 選 Y9 改 Y9 配 Y9 記 Y9 紀 Y9
起 Y9 妃 Y9 忌 Y9 圏 Y9

Y10 包 Y10 抱 Y10 泡 Y10 砲 Y10 胞 Y10 飽 Y10

Y11 弓 Y11 湾 Y11 窮 Z16

Y12 弔 Y12 弟 Y12 第 Y12

Y13 沸 Y13 費 Y13

Y14 汚 Y14 号 Y14 朽 Y14 巧 Y14 誇 Y14 極 Y14 薦 Z17

Y15 拷 Y15 考 Y15 襲 Y15

Y16 写 Y16 与 Y16

Y17 呉 Y17 娯 Y17 誤 Y17 虞 Y17

Z1 県 Z1 懸 Z1 継 Z1 直 Z1 断 Z1 置 Z1 値 Z1 植 Z1 殖 Z1

Z2 印 Z2 潟 Z2 興 Z2 段 Z2 鍛 Z2 暇 Z2

Z3 非 Z3 悲 Z3 扉 Z3 俳 Z3 排 Z3 輩 Z3 罪 Z3

Z4 不 Z4 否 Z4 杯 Z4

Z5 無 Z5 舞 Z5

Z6 片 Z6 版 Z6

Z7 后 Z7 盾 Z7 循 Z7 逓 Z7 派 Z7 脈 Z7 孤 Z7 弧 Z7

Z8 秀 Z8 透 Z8 誘 Z8 携 Z8

Z9 及 Z9 吸 Z9 級 Z9 扱 Z9

Z10 幻 Z10 局 Z10 司 Z10 伺 Z10 詞 Z10 飼 Z10 嗣 Z10

Z11 乏 Z11 芝 Z11

Z12 為 Z12 偽 Z12

Z13 入 Z13 込 Z13

Z14 逆 Z14 塑 Z14

Z15 敢 Z15 厳 Z15

Z16 身 Z16 射 Z16 謝 Z16 窮 Z16

Z17 慶 Z17 薦 Z17 麗 Z17

Z18 帰 Z18 班 Z18

Z19 幣 Z19 弊 Z19

Z20 隔 Z20 融 Z20

Z21 世 Z21 葉 Z21 華 Z21

Z22 憂 Z22 優 Z22 寡 Z22

Z23 修 Z23 面 Z23 互 Z23 瓶 Z23 繭 Z23 璽 Z23 凸 Z23 凹 Z23

Register nach Lesungen

BAI	買 C19
BAI	陪 M12
BAI	売 L4
BAI	培 M12
ba(keru/kasu)	化 N10
BAKU	爆 P3
BAKU	麦 S23
BAKU	幕 V10
BAKU	漠 V10
BAKU	縛 E13
BAN	蛮 M10
BAN	板 R9
BAN	伴 F11
BAN	万 S9
BAN	判 F11
BAN	晩 S2
BAN	盤 R6
BAN	番 G5
BATSU	末 J8
BATSU	閥 W4
BATSU	伐 W4
BATSU	罰 B2
BATSU	抜 V6
be	辺 A10
BEI	米 J10
BEN	便 V8
BEN	勉 S2
BEN	弁 Q1
beni	紅 I8
BETSU	別 S9
BI	備 L16
BI	尾 U1
BI	美 I19
BI	微 N6
BI	鼻 K3
BIN	敏 A16
BIN	貧 T14
BIN	瓶 Z23
BIN	便 V8
BO	墓 V10
BO	母 A16
BO	簿 E13
BO	募 V10
BO	慕 V10
BO	暮 V10
BO	模 V10
BŌ	剖 M12
BŌ	某 K7
BŌ	坊 M6
BŌ	棒 V21
BŌ	貿 P15
BŌ	帽 C13
BŌ	妄 M5
BŌ	暴 P3
BŌ	肪 M6
BŌ	傍 M18
BŌ	妨 M6
BŌ	紡 M6
BŌ	忘 M5
BŌ	冒 C13
BŌ	謀 K7
BŌ	乏 Z11
BŌ	膨 I2
BŌ	忙 M5
BŌ	房 U4
BŌ	望 M5
BŌ	亡 M5
BŌ	防 M6
BOKU	撲 V15
BOKU	朴 J1
BOKU	僕 V15
BOKU	木 J1
BOKU	墨 D12
BOKU	牧 H1
BON	盆 T14
BON	凡 L24
BOTSU	没 R6
BU	無 Z5
BU	歩 O2
BU	武 W2
BU	分 T14
BU	舞 Z5
BU	部 M12
BU	侮 A16
BU	不 Z4
BUN	文 M7
BUN	聞 C8
BUN	分 T14
buta	豚 S11
BUTSU	物 S8
BUTSU	仏 Q1
BYAKU	白 C5
BYŌ	描 D2
BYŌ	猫 D2
BYŌ	病 L7
BYŌ	平 F9
BYŌ	苗 D2
BYŌ	秒 A13
CHA	茶 T2
CHAKU	嫡 M19
CHAKU	着 I19
CHI	致 Q6
CHI	治 Q2
CHI	痴 H7
CHI	恥 A6
CHI	地 N25
CHI	稚 G14
CHI	置 Z1
CHI	知 H7
CHI	池 N25
CHI	値 Z1
CHI	遅 U1
chi	血 A14
chi	乳 N1
chi	千 G1
chichi	乳 N1
chichi	父 A17

KAN	歓 S15
KAN	閑 J1
KAN	鑑 Y6
KAN	管 B10
KAN	喚 S1
KAN	甲 D10
KAN	寛 K3
KAN	観 H9
KAN	刊 F7
KAN	棺 B10
KAN	簡 C8
KAN	缶 H8
KAN	館 B10
KAN	漢 V16
KAN	感 W10
KAN	冠 N6
KAN	寒 T18
KAN	慣 C19
KAN	監 Y6
KAN	憾 W10
KAN	患 B15
KAN	間 C8
KAN	甘 K6
KAN	陥 C4
KAN	汗 F7
KAN	完 N6
KAN	肝 F7
KAN	干 F7
KAN	巻 Y9
KAN	勘 Y3
KAN	款 S15
KAN	還 P4
KAN	艦 Y6
KAN	敢 Z15
KAN	看 G8
KAN	緩 V6
KAN	堪 Y3
KAN	貫 C19
KAN	官 B10
KAN	乾 N2
KAN	幹 T2
KAN	勧 H9
KAN	換 S1
KAN	関 V14
KAN	環 P4
kana(deru)	奏 V21
kanara(zu)	必 N4
kana(shii)	悲 Z3
kana(shimu)	悲 Z3
kane	金 T5
kane	鐘 M11
ka(neru)	兼 X9
kanga(eru)	考 Y15
kanmuri	冠 N6
kao	顔 M20
kao(ri)	香 G4
kao(ru)	薫 G3
kao(ru)	香 G4
kara	空 N5
kara	唐 X6
kara	殻 R6
karada	体 J6
kara(i)	辛 M17
kara(maru/mu)	絡 S26
kare	彼 R11
ka(reru/rasu)	枯 F3
kari	仮 R9
ka(ri)	狩 E10
ka(riru)	借 K11
ka(ru)	刈 A18
ka(ru)	狩 E10
karu(i)	軽 R7
kasa	傘 T2
kasa(naru/neru)	重 G3
kase(gu)	稼 S12
kashiko(i)	賢 Y7
kashira	頭 B6
ka(stu)	且 C15
ka(su)	貸 W3
kata	肩 U4
kata	形 K2
kata	型 K2
kata	潟 Z2
kata	方 M6
kata	片 Z6
katachi	形 K2
kata(i)	堅 Y7
kata(i)	難 V16
kata(i)	硬 V8
kataki	敵 M19
katamari	塊 Q11
katamu(ku/keru)	傾 N10
katana	刀 A10
kata(ru)	語 I9
katawa(ra)	傍 M18
katayo(ru)	偏 U5
kate	糧 D12
KATSU	括 G2
KATSU	滑 L10
KATSU	活 G2
KATSU	喝 S7
KATSU	褐 S7
KATSU	渇 S7
KATSU	割 I13
KATSU	轄 I13
ka(tsu)	勝 V20
katsu(gu)	担 C2
ka(u/wasu)	交 M9
ka(u)	買 C19
ka(u)	飼 Z10
kawa	皮 R11
kawa	側 C20
kawa	川 A8
kawa	河 E4
kawa	革 K5
kawa(ku/kasu)	乾 N2
kawa(ku)	渇 S7

KI	喜 I2
ki	木 J1
ki	黄 K10
kibi(shii)	厳 Z15
KICHI	吉 I2
ki(eru)	消 L15
KIKU	菊 S3
ki(ku)	聴 F1
ki(ku)	利 G4
ki(ku)	聞 C8
ki(ku)	効 M9
ki(maru/meru)	決 V17
kimi	君 X10
kimo	肝 F7
KIN	禁 J4
KIN	今 T9
KIN	均 S4
KIN	勤 I14
KIN	琴 T9
KIN	緊 Y7
KIN	金 T5
KIN	近 A20
KIN	菌 G4
KIN	謹 I14
KIN	斤 A20
KIN	筋 A9
KIN	襟 J4
kinu	絹 B1
kira(u)	嫌 X9
ki(reru/ru)	切 N15
kiri	霧 E3
ki(ru/seru)	着 I19
kishi	岸 F7
kiso(u)	競 M12
kita	北 N12
kita(eru)	鍛 Z2
kitana(i)	汚 Y14
kita(ru)	来 J10
KITSU	喫 I13
KITSU	吉 I2
KITSU	詰 I2
kiwa	際 R5
kiwa(maru/meru)	極 Y14
kiwa(maru/meru)	窮 Z16
kiwa(meru)	究 N20
kiyo(i)	清 I15
kiza(mu)	刻 Q12
kiza(su)	兆 N14
kizu	傷 S10
kizu(ku)	築 L24
KO	誇 Y14
KO	庫 C12
KO	顧 U4
KO	個 F4
KO	拠 S23
KO	枯 F3
KO	去 Q7
KO	雇 U4
KO	古 F3
KO	戸 U4
KO	鼓 R10
KO	湖 F3
KO	故 F3
KO	孤 Z7
KO	己 Y9
KO	弧 Z7
KO	呼 E8
KO	固 F4
ko	粉 T14
ko	子 A15
ko	小 A12
KŌ	郊 M9
KŌ	候 H7
KŌ	孝 I6
KŌ	甲 D10
KŌ	構 L21
KŌ	巧 Y14
KŌ	公 T15
KŌ	硬 V8
KŌ	綱 L11
KŌ	航 M1
KŌ	香 G4
KŌ	拘 S5
KŌ	講 L21
KŌ	恒 C3
KŌ	衡 G12
KŌ	交 M9
KŌ	鉱 Q4
KŌ	功 I8
KŌ	稿 M2
KŌ	侯 H7
KŌ	皇 I17
KŌ	校 M9
KŌ	紅 I8
KŌ	荒 M5
KŌ	項 I8
KŌ	工 I8
KŌ	口 B1
KŌ	酵 I6
KŌ	攻 I8
KŌ	洪 K12
KŌ	行 G12
KŌ	肯 O1
KŌ	慌 M5
KŌ	光 A1
KŌ	鋼 L11
KŌ	孔 N1
KŌ	江 I8
KŌ	好 A15
KŌ	厚 C1
KŌ	更 V8
KŌ	后 Z7
KŌ	購 L21
KŌ	坑 M1
KŌ	抗 M1
KŌ	耕 K9
KŌ	向 L6

SETSU	折 A20
SETSU	説 B8
SHA	赦 I4
SHA	謝 Z16
SHA	車 C12
SHA	斜 T4
SHA	写 Y16
SHA	捨 T6
SHA	射 Z16
SHA	舎 T6
SHA	社 I3
SHA	者 I7
SHA	砂 A13
SHA	遮 K4
SHA	煮 I7
SHAKU	尺 U3
SHAKU	借 K11
SHAKU	赤 I4
SHAKU	釈 U3
SHAKU	酌 S4
SHAKU	爵 E10
SHAKU	勺 S4
SHI	詩 E12
SHI	私 Q1
SHI	市 M4
SHI	史 V7
SHI	視 C18
SHI	氏 P11
SHI	祉 O1
SHI	詞 Z10
SHI	嗣 Z10
SHI	資 S16
SHI	諮 S16
SHI	肢 R10
SHI	支 R10
SHI	指 N13
SHI	示 E7
SHI	試 W1
SHI	自 C16

SHI	脂 N13
SHI	誌 I1
SHI	姿 S16
SHI	紫 Q16
SHI	旨 N13
SHI	使 V7
SHI	次 S16
SHI	姉 M4
SHI	賜 S8
SHI	置 Z1
SHI	伺 Z10
SHI	四 B1
SHI	枝 R10
SHI	師 B9
SHI	刺 L1
SHI	子 A15
SHI	糸 Q16
SHI	志 I1
SHI	紙 P11
SHI	矢 H7
SHI	始 Q2
SHI	仕 I1
SHI	司 Z10
SHI	士 I1
SHI	歯 O1
SHI	思 D1
SHI	飼 Z10
SHI	止 O1
SHI	雌 O1
SHI	至 Q6
SHI	施 N25
shiawa(se)	幸 F7
shiba	芝 Z11
shiba(ru)	縛 E13
shibo(ru)	搾 N5
shibo(ru)	絞 M9
shibu(i)	渋 O1
shibu(ru)	渋 O1
SHICHI	七 N15

SHICHI	質 C19
shige(ru)	茂 W9
shiita(geru)	虐 Y1
SHIKI	織 W6
SHIKI	色 N24
SHIKI	式 W1
SHIKI	識 W6
shi(ku)	敷 M6
shima	島 C11
shi(maru/meru)	絞 M9
shi(maru/meru)	閉 E9
shi(maru/meru)	締 M18
shime(ru/su)	湿 I10
shi(meru)	占 B3
shime(su)	示 E7
shi(miru)	染 N20
shimo	霜 C14
SHIN	震 P10
SHIN	診 T2
SHIN	浸 X3
SHIN	身 Z16
SHIN	真 T18
SHIN	娠 P10
SHIN	慎 T18
SHIN	申 D11
SHIN	進 G14
SHIN	深 N5
SHIN	新 M16
SHIN	親 M16
SHIN	信 B2
SHIN	唇 P10
SHIN	津 X8
SHIN	辛 M17
SHIN	薪 M16
SHIN	心 N3
SHIN	針 F1
SHIN	森 J1
SHIN	神 D11
SHIN	臣 Y5

SOTSU	卒 M1
so(u/eru)	添 V13
so(u)	沿 T16
SU	素 Q16
SU	子 A15
su	酢 H10
su	州 A8
su	巣 D14
SŪ	崇 E7
SŪ	数 J10
SŪ	枢 Y2
sube(ru)	滑 L10
sude(ni)	既 N8
sue	末 J8
su(eru)	据 U1
sugata	姿 S16
sugi	杉 J1
su(giru)	過 L10
sugu(reru)	優 Z22
SUI	水 P1
SUI	粋 N21
SUI	錘 G10
SUI	穂 D7
SUI	垂 G10
SUI	推 G14
SUI	帥 B9
SUI	衰 P5
SUI	炊 S15
SUI	酔 N21
SUI	吹 S15
SUI	遂 S13
SUI	睡 G10
suji	筋 A9
suko(shi)	少 A13
suko(yaka)	健 X8
su(ku/kasu)	透 Z8
su(ku)	好 A15
suku(nai)	少 A13
suku(u)	救 P3
sumi	炭 A7
sumi	墨 D12
sumi	隅 L13
sumi(yaka)	速 J11
su(mu/masu)	済 M8
su(mu/masu)	澄 T1
su(mu)	住 I18
SUN	寸 E10
suna	砂 A13
su(ru/reru)	擦 R5
su(ru)	刷 U1
surudo(i)	鋭 B8
susu(meru)	薦 Z17
susu(meru)	勧 H9
susu(mu/meru)	進 G14
suta(ru/reru)	廃 T1
su(teru)	捨 T6
su(u)	吸 Z9
suwa(ru)	座 A3
suzu	鈴 T8
suzu(mu)	涼 M3
suzu(shii)	涼 M3
TA	太 V9
TA	多 S17
TA	他 N25
ta	田 D1
taba	束 J11
ta(beru)	食 T7
tabi	度 R1
tabi	旅 P4
tada(shi)	但 C2
tada(su)	正 O5
tadayo(u)	漂 I12
ta(eru)	耐 L12
ta(eru)	堪 Y3
taga(i)	互 Z23
tagaya(su)	耕 K9
TAI	待 G11
TAI	耐 L12
TAI	代 W3
TAI	帯 L1
TAI	体 J6
TAI	太 V9
TAI	大 V9
TAI	滞 L1
TAI	台 Q2
TAI	退 C9
TAI	逮 X7
TAI	泰 V21
TAI	袋 W3
TAI	態 Q3
TAI	貸 W3
TAI	胎 Q2
TAI	怠 Q2
TAI	替 V15
TAI	対 M7
TAI	隊 S13
tai(ra)	平 F9
taka(i)	高 M2
takara	宝 I17
take	丈 V5
take	岳 A21
take	竹 H11
taki	滝 N19
takigi	薪 M16
TAKU	沢 U3
TAKU	択 U3
TAKU	託 N15
TAKU	濯 X2
TAKU	拓 A5
TAKU	宅 N15
TAKU	卓 F5
ta(ku)	炊 S15
taku(mi)	巧 Y14
takuwa(eru)	蓄 Q15
tama	霊 I10
tama	球 P3
tama	弾 D13

tsuku(ru)	作 H10
tsuku(ru)	造 H2
tsuma	妻 X6
tsu(maru/meru)	詰 I2
tsume(tai)	冷 T8
tsumi	罪 Z3
tsu(moru/mu)	積 I16
tsumu	錘 G10
tsu(mu)	摘 M19
tsumu(gu)	紡 M6
tsuna	綱 L11
tsune	常 L3
tsuno	角 L18
tsuno(ru)	募 V10
tsura	面 Z23
tsura(naru/neru)	連 C12
tsuranu(ku)	貫 C19
tsu(reru)	連 C12
tsuru	弦 Q15
tsu(ru)	釣 S4
tsurugi	剣 T11
tsuta(waru/eru)	伝 Q5
tsuto(maru/meru)	勤 I14
tsuto(meru)	努 R8
tsuto(meru)	務 E3
tsutsu	筒 L8
tsutsumi	堤 O10
tsutsu(mu)	包 Y10
tsutsushi(mu)	謹 I14
tsutsushi(mu)	慎 T18
tsuyo(i)	強 Q1
tsuyu	露 S26
tsuzu(ku/keru)	続 L4
tsuzumi	鼓 R10
U	羽 A22
U	宇 E8
U	有 V2
U	右 V1
U	雨 L6
uba(u)	奪 E10
uchi	内 L7
ude	腕 S17
ue	上 A1
u(eru)	飢 L23
ugo(ku/kasu)	動 G3
uji	氏 P11
ukaga(u)	伺 Z10
u(kareru)	浮 A15
u(karu)	受 R1
u(keru)	請 I15
u(keru)	受 R1
uketamawa(ru)	承 P1
u(ku)	浮 A15
uma	馬 Y8
u(mareru/mu)	産 M20
u(maru/meru)	埋 D12
ume	梅 A16
umi	海 A16
u(mu)	生 H4
UN	運 L5
UN	雲 Q5
unaga(su)	促 O8
une	畝 S22
ura	浦 L17
ura	裏 P5
ura(meshii)	恨 C9
ura(mu)	恨 C9
urana(u)	占 B3
ure(eru)	憂 Z22
ure(i)	愁 A7
ure(i)	憂 Z22
u(reru)	熟 N22
u(ru)	得 G11
u(ru)	売 L4
uruo(u/su)	潤 C8
urushi	漆 T2
uruwa(shii)	麗 Z17
ushi	牛 H1
ushina(u)	失 H6
ushi(ro)	後 S23
usu(i)	薄 E13
uta	歌 S15
utaga(u)	疑 O7
uta(u)	歌 S15
uta(u)	謡 F8
uto(i)	疎 O7
uto(mu)	疎 O7
u(tsu)	討 E10
u(tsu)	撃 R6
u(tsu)	打 E1
utsuku(shii)	美 I19
utsu(ru/su)	移 S17
utsu(ru/su)	映 V18
utsu(ru/su)	写 Y16
utsuwa	器 B1
utta(eru)	訴 A20
u(waru/eru)	植 Z1
uyama(u)	敬 S5
uyauya(shii)	恭 K12
uzu	渦 L10
WA	和 B1
WA	話 G2
wa	輪 T13
WAI	賄 V2
waka(i)	若 V1
waka(reru)	別 S9
wa(karu)	分 T14
wake	訳 U3
wa(keru)	分 T14
WAKU	惑 W4
waku	枠 N21
wa(ku/kasu)	沸 Y13
WAN	腕 S17
WAN	湾 Y11
warabe	童 M11
wara(u)	笑 V13
ware	我 W7

	LI	RE	OB	UN	BG	FR	A	B	C	D	E	F	G	H	I	J
								口	日	田	丁	十	𠂉	𠂒	土	木
1	冫	彡	䒑	八	厂	丶	一	口	日	田	丁	十	千	牛	士	木
2	氵	刂	⺌	儿	广	乂	二	言	旦	苗	了	斗	舌	告	吉	采
3	忄	阝	マ	心	疒	丨	人	占	亘	畾	矛	古	重	先	土	喿
4	丬	卩	⺈	灬	辶	卜	山	加	旧	魚	可	固	禾	生	赤	林
5	亻	攵	宀	月	廴	巾	石	召	白	曽	奇	早	采	朱	圭	麻
6	禾	頁	艹		囗	土	耳	豆	原	由	牙	卓	壬	失	孝	本
7	米	隹	⺮			大	火	兄	百	亩	示	干	廷	矢	者	未
8	阝	月	罒				川	兑	門	曲	于	䍃	手	午	工	末
9	弓		⺍				力	自	艮	曹	才	平	乗	隺	五	朮
10	犭		爫				刀	㠯	良	甲	寸	羊	垂	乍	並	米
11	扌		𠂉				女	呂	鳥	申	付	半	彳	竹	亜	束
12	礻		⻗				小	中	車	里	寺	丰	行		西	東
13	衤						少	虫	目	単	専	韋	升		龶	
14	糸						皿	𠁥	相	果			隹		菫	
15	王						子	串	且						青	
16	木						母		自						責	
17	言						父		首						王	
18	𧾷						メ		見						主	
19	酉						凵		貝						⺷	
20	飠						斤		則							
21	金						丘									
22	馬						羽									
23	日															
24	月															
25																
26																